한국인의 말하기 취약점 집중공략 OPIc AL

1판 1쇄 발행 2016. 8. 25.
1판 3쇄 발행 2020. 11. 15.

저자 멀티캠퍼스 외국어연구소
기획 멀티캠퍼스 외국어연구소

펴낸이 박민우
기획팀 송인성, 김선명, 박종인
편집팀 박우진, 김영주, 김정아, 최미라, 전혜련
관리팀 임선희, 정철호, 김성언, 권주련
펴낸곳 멀티캠퍼스 하우
주소 서울시 중랑구 망우로68길 48
전화 (02)922-7090
팩스 (02)922-7092
홈페이지 http://www.hawoo.co.kr
e-mail hawoo@hawoo.co.kr
등록번호 제2014-18호

값 18,000원
ISBN 979-11-87549-05-5

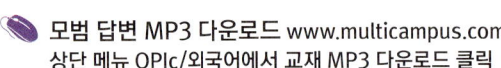 모범 답변 MP3 다운로드 www.multicampus.com
상단 메뉴 OPIc/외국어에서 교재 MP3 다운로드 클릭

OPIc
주관사
MULTICAMPUS

한국인의 말하기
특징분석!
OPIc AL공략

OPIc AL

MADE IN

New
Background Survey

MULTICAMPUS

multicampus

OPIc시험의 필요성

기존의 듣기•읽기 위주의 영어평가 시험에서 현재 말하기와 쓰기영역이 도입되어 영어평가를 위한 영어능력 향상을 위한 변화가 일어나고 있습니다. 실질적인 영어 구사능력에 대한 사회적 요구가 증대되고 있습니다. 이런 배경으로 영어 구사력을 공신력 있게 평가하는 OPIc(Oral Proficiency Interview-computer)의 역할이 점점 커지고 있습니다.

OPIc은 현재 삼성그룹, CJ그룹, LG전자, SK 등 국내 많은 기업들의 신입사원 채용 용도로 쓰이는 것은 물론 승진 및 인사고과에도 활용되고 있어 해마다 응시자의 수가 늘어나고 앞으로도 OPIc의 필요성은 증가될 것으로 보입니다. OPIc시험이 다른 영어시험들에 비해 몇 가지 특징들을 가지고 있으므로 다른 시험들과의 차별성을 가지고 있습니다.

첫째, 시험 종료 후 보통 5일 이내에 시험성적이 나온다는 것이 가장 큰 장점으로 손꼽히고 있습니다.

둘째, 시험 전 Background Survey(하는 일, 경험, 관심 분야, 선호도 조사)와 Self-Assessment (본인의 말하기 수준)를 통한 맞춤형 평가입니다. 기존의 공인영어점수와 영어실력의 차이가 가장 큰 문제였던 시험들에 비하여 OPIc은 Background Survey를 통해 본인의 말하기 실력을 세분화하여 전문적으로 측정하고 있습니다.

셋째, 오리엔테이션을 제외한 총 40분의 시험시간으로 많은 발화 기회가 주어지기 때문에 수험자의 영어실력을 가장 정확하게 측정할 수 있습니다.

따라서 앞으로도 영어 말하기의 중요성이 강조되는 현 상황에서 정확한 말하기 실력을 측정하기 위해서는 실생활의 목적들과 가장 유사한 유형의 시험인 OPIc의 위상은 높아질 것으로 예상됩니다. 이에 수동적인 영어 학습 형태에서 벗어나 능동적인 영어 학습자로서 꾸준한 말하기 연습을 통해 OPIc시험에서 고득점을 받기 위해 노력해 봅시다.

2012 New ACTFL Proficiency Guidelines

새롭게 적용된 2012 ACTFL Proficiency Guidelines는 2011년까지 사용되어 왔던 것을 발전시켜 구성에는 크게 차이가 없지만 최고급 수준이었던 Superior보다 더 높은 수준인 Distinguished 수준을 새로 설정한 것이 가장 큰 변화입니다. 하지만 Distinguished level은 평가에서 직접 부여하여 사용하지 않고 Superior의 수준을 평가할 때의 참고 자료로만 활용하도록 되어있습니다. 그 밖에 구체적인 언어 수준 기술의 명료성을 위하여, 특히 Intermediate High와 Advanced Low, Advanced High와 Superior 사이의 능력 수준 확정을 보다 명료하게 할 수 있도록 용어 사용이나 중복 기술 등의 문제를 제거하여 체계성을 확립하였습니다. 또한 듣기, 말하기, 읽기, 쓰기의 네 기능 모두를 종합적으로 고려하여 ACTFL Proficiency Guidelines를 기술하였다는 점에서 언어능력 수준 기술의 체계성과 완결성이 훨씬 더 커졌다고 할 수 있겠습니다.

한국인의 말하기 취약점 집중공략 OPIc AL

OPIc 시험은 Background Survey를 기반으로 한 개인 맞춤형 시험입니다. 시험 전 본인이 선택한 관심사를 중점으로 질문이 출제되기 때문에 채점자들도 수험자의 개인의 경험에 대한 차별화된 이야기를 듣고 싶어합니다. 하지만 시험을 준비해야 하는 수험자에게 이는 큰 부담이 아닐 수 없습니다. 그래서 한국인의 말하기 취약점 집중공략 OPIc AL이 OPIc을 준비하는 수험자에게 해법을 제시해 드립니다. 논리적 답변 구성을 지정된 색으로 표현해서 답변 구성의 필수 요소를 학습하면서 체득 할 수 있게 도와드립니다. AL등급을 획득하기 위한 복잡한 구조의 문장을 사용하는 것뿐만 아니라 다양한 표현을 사용하여, 정확성을 높이고 원어민보다 세련된 표현력을 보강할 수 있도록 구성되었습니다. 또한, 이야기의 일관성(Coherence) 및 논리적 흐름을 보다 탄탄하게 만들 수 있도록 단락에서 문단까지 조화로운 구성 방법을 습득할 수 있습니다.

시험을 처음 준비하는 학습자들도 스스로 답안을 완성할 수 있도록 자세한 Guide를 제공하여 논리적인 답안을 만들어 나갈 수 있도록 한국인의 말하기 취약점 집중공략 OPIc AL이 도와드리겠습니다. 이제부터 영어에 대한 자신감을 가지고 OPIc에 도전해 보세요. 어느새 논리적이고 체계적으로 이야기할 수 있는 자신을 발견할 수 있을 것입니다. 한국인이 말하기 취약점 집중공략 OPIc AL은 OPIc 고득점을 넘어 진정식인 말하기 능력의 향상을 이룰 수 있기를 기대합니다.

포기하지 마세요! Never Give Up!

차 례

학습 Schedule

■ 한 달 완성: 주5일 / 20강(90분 강의기준)

Week	월	화	수	목	금
Week 1	Chapter 01	Review	Chapter 02	Review	Chapter 03
Week 2	Chapter 04	Review	Chapter 05	Review	Chapter 06
Week 3	Chapter 07	Review	Chapter 08	Review	Chapter 09
Week 4	Chapter 10	Review	Chapter 11	Review	Chapter 12

Week	월	화	수	목	금
Week 1	Chapter 01 Living	Review	Chapter 02 Work/Vacation	Review	Chapter 03 Exercise
Week 2	Chapter 04 Hobby/Interest 1	Review	Chapter 05 Hobby/Interest 2	Review	Chapter 06 Activity 1
Week 3	Chapter 07 Activity 2	Review	Chapter 08 Activity 3	Review	Chapter 09 Random 1
Week 4	Chapter 10 Random 2	Review	Chapter 11 Random 3	Review	Chapter 12 Random 4

■ 두 달 완성: 주3일 (월,수,금) / 24강(90분 강의기준)

Week	월	수	금
Week 1	Chapter 01-1	Chapter 01-2	Chapter 02-1
Week 2	Chapter 02-2	Chapter 03-1	Chapter 03-2
Week 3	Chapter 04-1	Chapter 04-2	Chapter 05-1
Week 4	Chapter 05-2	Chapter 06-1	Chapter 06-2
Week 5	Chapter 07-1	Chapter 07-2	Chapter 08-1
Week 6	Chapter 08-2	Chapter 09-1	Chapter 09-2
Week 7	Chapter 10-1	Chapter 10-2	Chapter 11-1
Week 8	Chapter 11-2	Chapter 12-1	Chapter 12-2

Week	월	수	금
Week 1	Chapter 01-1 Living	Chapter 01-2 Living	Chapter 02-1 Work/Vacation
Week 2	Chapter 02-2 Work/Vacation	Chapter 03-1 Exercise	Chapter 03-2 Exercise
Week 3	Chapter 04-1 Hobby/Interest 1	Chapter 04-2 Hobby/Interest 1	Chapter 05-1 Hobby/Interest 2
Week 4	Chapter 05-2 Hobby/Interest 2	Chapter 06-1 Activity 1	Chapter 06-2 Activity 1
Week 5	Chapter 07-1 Activity 2	Chapter 07-2 Activity 2	Chapter 08-1 Activity 3
Week 6	Chapter 08-2 Activity 3	Chapter 09-1 Random 1	Chapter 09-2 Random 1
Week 7	Chapter 10-1 Random 2	Chapter 10-2 Random 2	Chapter 11-1 Random 3
Week 8	Chapter 11-2 Random 3	Chapter 12-1 Random 4	Chapter 12-2 Random 4

Structure and Features

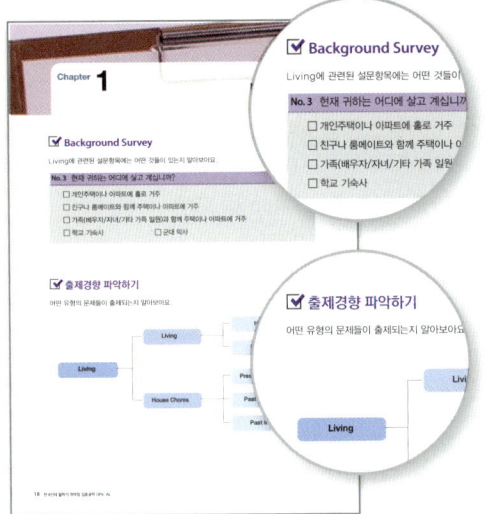

Step 1. Background Survey

출제되는 문제의 주제와 관련된 사전 설문항목을 살펴볼 수 있습니다.

Step 2. 출제경향 파악하기

자주 출제되는 문제 유형을 미리 알아보고, 답변 전략을 준비할 수 있습니다.

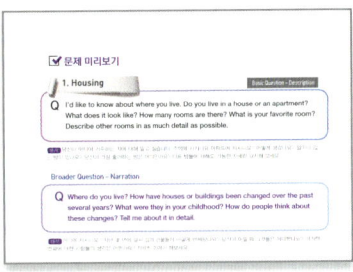

Step 3. 문제 미리보기 – 질문 듣기 연습하기

빈출 문제를 들어보고 문제 속 키워드 문장을 찾는 연습을 할 수 있습니다. 주제별 난이도 별 듣기 연습을 통해 문제를 정확하게 듣고 키워드를 골라내는 능력을 향상시킬 수 있습니다. 키워드를 힌트로 답변 속에 포함시켜야 하는 구체적인 내용을 미리 떠올려볼 수 있습니다.

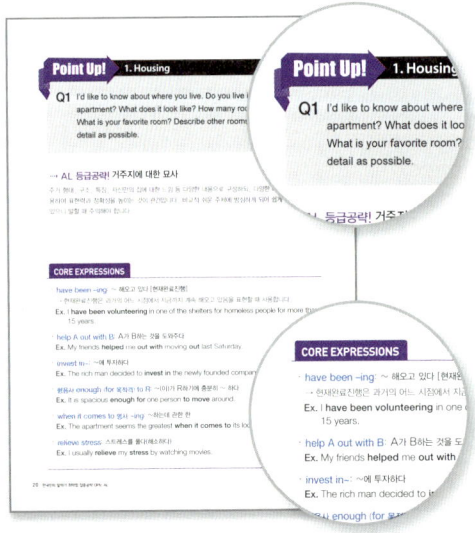

Step 4. AL 등급공략

주제에 대해 말하기를 구성할 때, AL 등급을 획득하기 위해 이야기 구성 시 주의해야 하는 공략을 알려드립니다.

Step 5. CORE EXPRESSIONS

모범 답변에 쓰이는 활용도 높은 표현을 학습합니다.

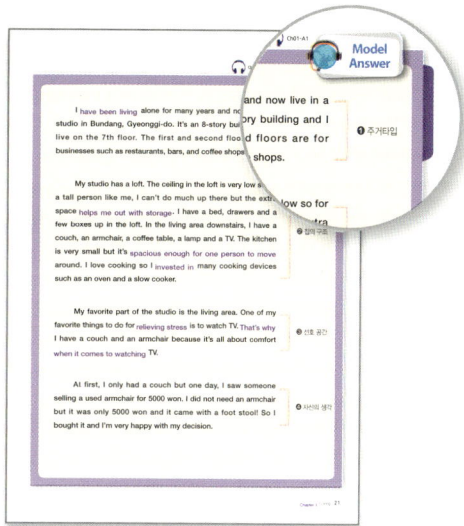

Step 6. Model Answer

AL등급을 획득하기 위한 복잡한 구조의 문장을 사용하는 것뿐만 아니라 다양한 표현을 사용하여, 정확성을 높이고 원어민보다 세련된 표현력을 보강할 수 있도록 구성되었습니다. 또한, 이야기의 일관성(Coherence) 및 논리적 흐름을 보다 탄탄하게 만들 수 있도록 단락에서 문단까지 조화로운 구성 방법을 습득할 수 있습니다.

Step 7. 한국인의 말하기 취약점 분석 Tip

한국인들의 영어 말하기 취약점이 무엇인지 파악하고, 발화 습관을 고치거나, 같은 말도 더 세련되고, 올바른 영어 표현으로 말하는 집중 훈련을 합니다. 실제 시험에서 사용하면 좋은 전략적 표현으로 엄선하였습니다.

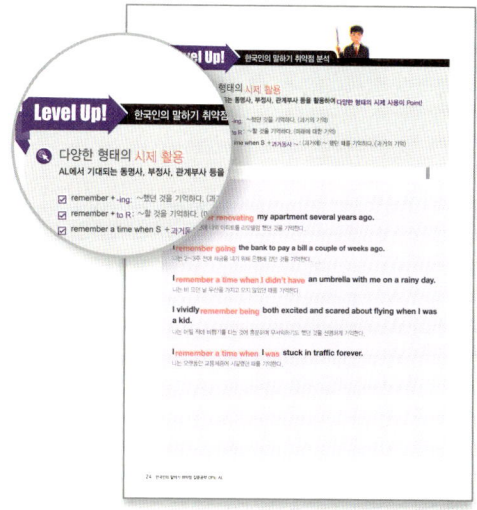

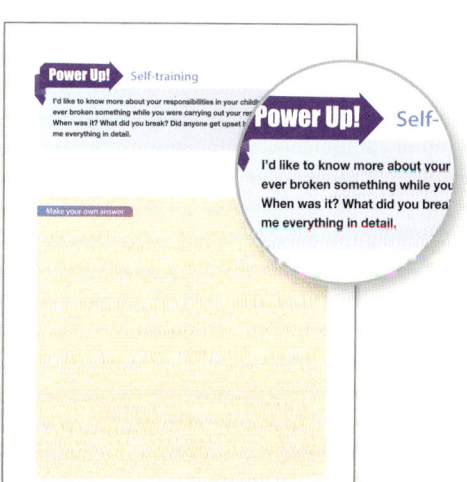

Step 8. Self-training

각 챕터에서 배운 핵심 표현 문구를 활용하여 발하기 연습을 합니다. 이러한 연습은 주요 표현을 내재화 하는데 도움을 줍니다. 답안에 제공되는 Model Answer 삼고하여 자신의 이야기를 업그레이드 시킬 수 있습니다.

OPIc 소개

OPIc이란?

OPIc(Oral Proficiency Interview–computer)은 면대면 외국어 인터뷰인 OPI와 최대한 가깝게 만든 iBT 기반의 외국어 말하기 평가로서, 외국어 전문 교육 연구 단체인 ACTFL(American Council on the Teaching of Foreign Languages)에서 개발한 공신력 있는 말하기 평가입니다. OPIc은 단순히 문법이나 어휘 등을 얼마나 많이 알고 있는가보다는 실제 상황에서 얼마나 효과적이고 적절하게 언어를 구사하는지를 측정하는 객관적인 평가로, 국내에서는 2007년 시작되어 현재 약 1,700여 개 기업 및 기관에서 OPIc을 채용과 인사고과 등에 활발하게 활용하고 있습니다. 현재 OPIc은 영어뿐만 아니라 중국어, 일본어, 러시아어, 스페인어, 한국어 그리고 최근 추가된 베트남어까지 총 7개의 언어 평가를 제공함으로써 다양한 언어를 동일한 기준으로 평가할 수 있는 유일한 외국어 말하기 평가로 자리매김하였습니다.

OPIc 진행 과정

ORIENTATION(20분)

1 Background Survey
인터뷰 문항을 위한 사전 설문

2 Self Assessment
시험의 난이도 결정을 위한 자가 평가

3 Overview of OPIc
화면 구성, 문항 청취 및 답변 방법 안내

4 Sample Question
실제 답변 방법 연습

시험 시간(40분)

1 1st Session
– 개인 맞춤형 문항 　　　 – 질문 청취 2회
– 문항별 답변 시간 제한 無 　 – 약 7문항 출제

2 난이도 재조정
– Self Assessment(2차 시험 난이도 선택)
– 쉬운 질문 / 비슷한 질문 / 어려운 질문 中 선택

3 2nd Session
– 개인 맞춤형 문항 　　　 – 질문 청취 2회
– 문항별 답변 시간 제한 無 　 – 약 5~8문항 출제

OPIc 등급

OPIc의 등급은 크게 세 가지, 작게는 일곱 가지로 세분화됩니다.

- Novice: '초보자'라는 뜻으로 OPIc에서는 '초급' 단계입니다.
- Intermediate: '중간'이라는 뜻으로 OPIc에서는 '중급' 단계입니다.
- Advanced: '고급의'라는 뜻으로 OPIc에서는 가장 높은 '고급' 단계입니다.

이 세 가지의 등급을 세분화해서 다음과 같이 구분하게 됩니다.

- Novice Low, Novice Mid, Novice High
- Intermediate Low, Intermediate Mid(1~3), Intermediate High
- Advanced Low

OPIc의 모체인 OPI에서는 Advanced도 Low, Mid, High로 구분되지만, 컴퓨터로 시험을 보는 OPIc에서는 Advanced Low라는 등급 하나만 부여됩니다.

AL	Advanced LOW	사건을 서술할 때 일괄적으로 동사 시제를 관리하고, 사람과 사물을 묘사할 때 다양한 형용사를 사용한다. 적절한 위치에서 접속사를 사용하기 때문에 문장 간의 결속력도 높고 문단의 구조를 능숙하게 구성할 수 있다. 익숙하지 않은 복잡한 상황에서도 문제를 설명하고 해결할 수 있는 수준의 능숙도이다.
IH	Intermediate HIGH	개인에게 익숙하지 않거나 예측하지 못한 복잡한 상황을 만날 때, 대부분의 상황에서 사건을 설명하고 문제를 효과적으로 해결한다. 발화량이 많고, 다양한 어휘를 사용한다.
IM	Intermediate MID	일상적인 소재뿐 아니라 개인적으로 익숙한 상황에서는 문장을 나열하며 자연스럽게 말할 수 있다. 다양한 문장 형식이나 어휘를 실험적으로 사용하려고 하며 상대방이 조금만 배려해 주면 오랜 시간 대화가 가능하다.
IL	Intermediate LOW	일상적인 소재에서는 문장으로 말할 수 있다. 대화에 참여하고 선호하는 소재에서는 자신감을 가지고 말할 수 있다.
NH	Novice HIGH	일상적인 대부분의 소재에 대해서 문장으로 말할 수 있다. 개인 정보라면 질문을 하고 응답을 할 수 있다.
NM	Novice MID	이미 암기한 단어나 문장으로 말하기를 할 수 있다.
NL	Novice LOW	제한적인 수준이지만 영어 단어를 나열하며 말할 수 있다.

＊ Intermediate Mid의 경우 Mid 1, Mid 2, Mid 3로 세부화하여 제공합니다.

Background Survey (배경 설문)

OPIc의 개인 맞춤형 문제는 Background Survey에 대한 응답을 기초로 출제됩니다. 나에게는 어떤 맞춤형 문제가 출제될지 미리 생각해 보세요.

1 현재 귀하는 어느 분야에 종사하고 계십니까?
☐ 사업/회사   ☐ 재택근무/재택사업   ☐ 교사/교육자   ☐ 군 복무   ☐ 일 경험 없음

1.1. 현재 귀하는 직업이 있으십니까?
☐ 네   ☐ 아니요

1.1.1. 귀하의 근무 기간은 얼마나 되십니까?
☐ 첫 직장 – 2개월 미만   ☐ 첫 직장 – 2개월 이상   ☐ 첫 직장 아님 – 경험 많음

1.1.1.1. 당신은 부하 직원을 관리하는 관리직을 맡고 있습니까?
☐ 네   ☐ 아니요

문항 1에서 교사/교육자로 답변했을 경우

1.1. 당신은 어디에서 학생을 가르치십니까?
☐ 대학 이상   ☐ 초등/중/고등학교   ☐ 평생교육

1.1.1. 현재 귀하는 직업이 있으십니까?
☐ 네   ☐ 아니요

1.1.1.1. 귀하의 근무 기간은 얼마나 되십니까?
☐ 2개월 미만 – 첫 직장
☐ 2개월 미만 – 교직은 처음이지만 이전에 다른 직업을 가진 적이 있음
☐ 2개월 이상

1.1.1.1.1. 귀하는 부하직원을 관리하는 관리직을 맡고 있습니까?
☐ 네   ☐ 아니요

---

2 현재 귀하는 학생이십니까?
☐ 네   ☐ 아니요

2.1. 현재 어떤 강의를 듣고 있습니까?
☐ 학위 과정 수업   ☐ 전문 기술 향상을 위한 평생 학습   ☐ 어학 수업

2.2. 최근 어떤 강의를 수강했습니까?
☐ 학위 과정 수업
☐ 전문 기술 향상을 위한 평생 학습
☐ 어학 수업
☐ 수업 등록 후 5년 이상 지남

3 현재 귀하는 어디에 살고 계십니까?

- ☐ 개인주택이나 아파트에 홀로 거주
- ☐ 친구나 룸메이트와 함께 주택이나 아파트에 거주
- ☐ 가족(배우자/자녀/기타 가족 일원)과 함께 주택이나 아파트에 거주
- ☐ 학교 기숙사　　　　　　　☐ 군대 막사

아래의 4~7번 문항에서 12개 이상을 선택해 주시기 바랍니다.

4 귀하는 여가 활동으로 주로 무엇을 하십니까? (두 개 이상 선택)

☐ 영화 보기	☐ 클럽/나이트클럽 가기	☐ 공연 보기	☐ 콘서트 보기
☐ 박물관 가기	☐ 공원 가기	☐ 캠핑하기	☐ 해변 가기
☐ 스포츠 관람	☐ 주거 개선	☐ 술집/바에 가기	☐ 카페/커피전문점 가기
☐ 게임하기(비디오, 카드, 보드, 휴대폰 등)		☐ 당구 치기	☐ 체스하기
☐ SNS에 글 올리기	☐ 친구들과 문자대화하기	☐ 시험 대비 과정 수강하기	
☐ 뉴스를 보거나 듣기	☐ 차로 드라이브하기	☐ 스파/마사지샵 가기	
☐ 구직활동하기	☐ 자원봉사하기	☐ 쇼핑하기	
☐ TV 시청하기	☐ 리얼리티 쇼 시청하기	☐ 요리 관련 프로그램 시청하기	

5 귀하의 취미나 관심사는 무엇입니까? (한 개 이상 선택)

☐ 아이에게 책 읽어주기	☐ 음악 감상하기	☐ 악기 연주하기
☐ 혼자 노래부르거나 합창하기	☐ 춤추기	☐ 글쓰기(편지, 단문, 시 등)
☐ 그림그리기	☐ 요리하기	☐ 애완동물 기르기
☐ 주식투자하기	☐ 신문읽기	☐ 여행 관련 잡지나 블로그 읽기
☐ 사진촬영하기	☐ 독서	

6 귀하는 주로 어떤 운동을 즐기십니까? (한 개 이상 선택)

☐ 농구	☐ 야구/소프트볼	☐ 축구	☐ 미식축구
☐ 하키	☐ 크리켓	☐ 골프	☐ 배구
☐ 테니스	☐ 배드민턴	☐ 탁구	☐ 수영
☐ 자전거	☐ 스키/스노보느	☐ 아이스 스케이트	☐ 조깅
☐ 걷기	☐ 요기	☐ 하이킹/트레킹	☐ 낚시
☐ 헬스	☐ 태권도	☐ 운동 수업 수강하기	☐ 운동을 전처 하지 않음

7 당신은 어떤 휴가나 출장을 다녀온 경험이 있습니까? (한 개 이상 선택)

- ☐ 국내 출상　☐ 해외 춘장　☐ 집에시 보내는 유가　☐ 국내 여행　☐ 해외여행

OPIc FAQ

01 OPIc 시험 중 필기구를 사용하여 답변을 준비해도 되나요?

OPIc 응시자는 필기구를 가지고 시험장에 입실할 수 없습니다. 따라서 시험 중에 필기구를 이용하여 메모 등을 하실 수 없으며, 적발 시 부정행위로 처리되어 OPIc 시험 규정에 따라 향후 시험 응시 기회에 제한을 받습니다.

02 무조건 길게 말하는 것이 도움이 되나요?

짜임새 없이 내용으로 길게만 말하는 것보다는 질문이 요구하는 내용에 충실한 답변을 정확한 문법과 표현을 사용하여 논리적으로 표현할 때 좋은 평가를 받을 수 있습니다. 또한 기-승-전-결 혹은 서론-본론-결론의 짜임새 있는 구성으로 답변해야 합니다. 공식적인 수치는 아니지만 주어진 시간 내 모든 문제에 풍부한 내용으로 답변을 하려면 한 문항당 짧으면 1분, 일반적으로 2분~2분 30초 이상 말할 수 있도록 준비하는 것이 좋습니다.

03 Background Survey 응답 내용으로만 출제되나요?

아닙니다. 시험 전에 체크한 Background Survey 결과는 나에게 맞는 맞춤형 문항이 출제되는 데 영향을 주지만 그 외 시스템적으로 선별된 문항도 출제됩니다. 즉, 여러분이 선택하지 않은 내용에서도 문제가 출제됩니다. 일반적으로 여러분의 일상생활에서 일어나는 일들을 위주로 문제가 출제되며 전문적인 내용이 출제되더라도 일상생활과 연결되어 있는 질문들이 출제됩니다. OPIc 등급 향상을 위해서는 Background Survey 항목에 관련된 답변만을 무조건 외우기보다는 평소에 다양한 말하기 연습을 하는 것이 도움이 될 것입니다.

04 OPIc 문제 중 Background Survey 내용과 관련이 없는 내용이 나오면 답변하지 않아도 되나요?

아닙니다. 수험자는 주어진 문항에 대해서 모두 답변을 진행해야 합니다. OPIc은 Background Survey를 통해 수험자의 개인 맞춤형 문항의 출제가 가능하지만 다른 영역의 질문 또한 출제되어 수험자의 예상하지 못한 문제에 대해 답변을 하는 능력 또한 평가합니다. 따라서, 질문에 대한 답변이 진행되지 않은 경우 감점의 요인이 될 수 있습니다. 그러므로 Background Survey에서 선택한 내용과 다른 문제가 출제되더라도 당황하지 말고 최선을 다해 성실히 답변하는 것이 좋습니다.

05 시험 보는 중간에 Self-Assessment로 레벨을 변경하는 것이 성적에 영향이 있나요?

처음에 높은 레벨로 시작했다가 중간에 낮은 레벨로 바꾸거나, 그 반대로 낮은 레벨에서 높은 레벨로 바꾸는 그 자체로 성적이 바뀌지는 않습니다. 철저히 주어진 답변에 얼마나 충실하게 답변하는지가 성적을 좌우한다고 보면 됩니다. 그러나 나의 영어 실력과 너무 동떨어진 레벨을 선택하는 것은 바람직하지 않습니다.

06 모범 답안을 외워서 답변하면 성적에 영향을 주나요?

질문과 무관한 답변 및 시중의 모범 답안을 그대로 외워서 대답하는 것은 성적 결과에 좋지 않은 영향을 줄 수 있습니다.

07 문제를 반복해서 들으면 성적이 좋지 않게 나오는 것이 사실인가요?

문제 풀기 전략 중 하나로 문제를 습관적으로 반복해서 듣는 사람들이 있습니다. 문제를 반복 청취하는 것이 성적에 직접적으로 영향을 미치는 것은 아니지만, 문제를 반복 청취했을 때 답변 시간이 줄어들 수밖에 없으므로 시간 관리에 어려움을 느낄 수 있습니다. OPIc 문제의 답변 시간은 질문 청취 시간을 제외하고 약 35분 가량입니다. 따라서 주어진 시간 내 모든 문제를 효율적으로 답변할 수 있도록 시간을 활용해야 합니다.

08 발음이 안 좋거나 더듬거리면 성적에 나쁜 영향을 주나요?

발음은 이해가 가능한 수준일 경우 크게 영향을 미치지 않는 것으로 알려져 있습니다. 그러나 메시지 전달이 안 될 정도로 말이 매끄럽지 못한 경우에는 당연히 채점이 어려울 수밖에 없습니다.

09 OPIc 시험은 현장에서 결과를 직접 확인할 수 있나요?

OPIc은 응시일로부터 일주일 후 OPIc 홈페이지에서 성적 확인이 가능합니다. (일반적으로 오후 1시 발표이나 사정에 따라 변경될 수 있습니다.) 취업 시즌 등의 경우 수험자 편의를 위해 성적 조기 발표(시험일로부터 3~5일)를 시행합니다.

10 OPIc 시험 일정은 1년에 몇 번 정도 있나요?

OPIc은 연중 상시 시행 시험입니다. (일부 공휴일 제외). 다만 지역/센터별로 차이가 있을 수 있으니 자세한 사항은 OPIc 홈페이지(http://opic.or.kr)에서 확인해 주시기 바랍니다.

11 성적이 UR이라고 나오는 것은 무엇을 의미하나요?

'UR'은 Unable to rate을 의미합니다. UR이 나오는 경우는 녹음 불량, 녹음 음량이 너무 작은 경우, 수험자가 자신이 없어 답변을 하지 않은 경우입니다. 수험자의 과실인 경우 응시료 환불은 없으며 재시험의 기회도 없습니다. 시스템적인 오류로 UR이 나왔을 경우 한 번의 재시험 기회를 드립니다.

12 시험에 필요한 규정 신분증은 무엇인가요?

OPIc의 규정신분증은 주민등록증, 운전면허증, 공무원증, 기간 만료 전 여권이며, 군인 등 특정 할인 신청의 경우 규정 신분증 외 시험 당일 추가 증빙 서류를 지참하여야 응시 가능합니다. 자세한 사항은 OPIc 홈페이지(http://opic.or.kr)에서 확인해 주시기 바랍니다.

13 OPIc 세부진단서란 무엇인가요?

OPIc Rater(채점자)가 수험자 답변 내용을 바탕으로 언어 항목에 대해 진단 및 안내를 제공하는 유료 피드백 서비스이며 가격은 30,000원입니다.

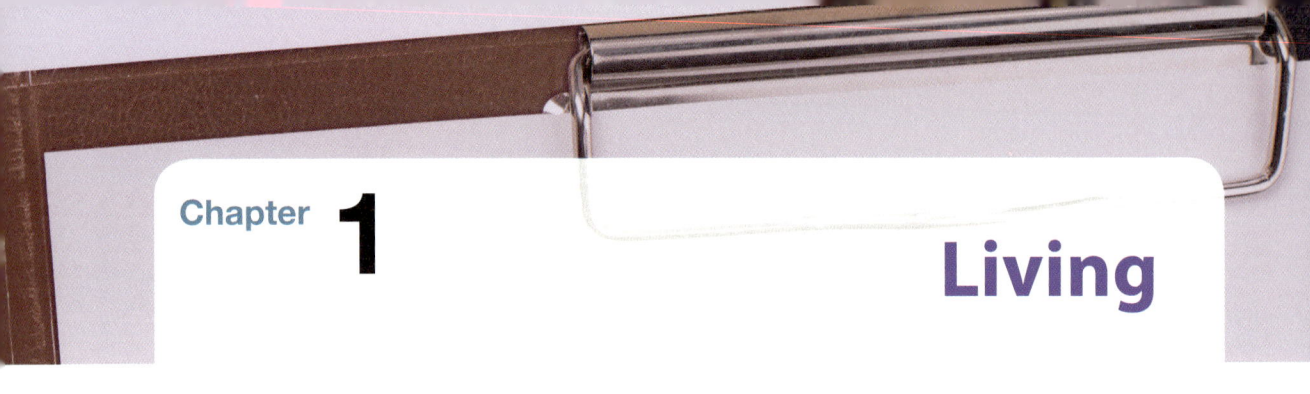

Chapter 1

Living

☑ Background Survey

Living에 관련된 설문항목에는 어떤 것들이 있는지 알아보아요.

No. 3 현재 귀하는 어디에 살고 계십니까?
☐ 개인주택이나 아파트에 홀로 거주
☐ 친구나 룸메이트와 함께 주택이나 아파트에 거주
☐ 가족(배우자/자녀/기타 가족 일원)과 함께 주택이나 아파트에 거주
☐ 학교 기숙사　　　　　　　　　☐ 군대 막사

☑ 출제경향 파악하기

어떤 유형의 문제들이 출제되는지 알아보아요.

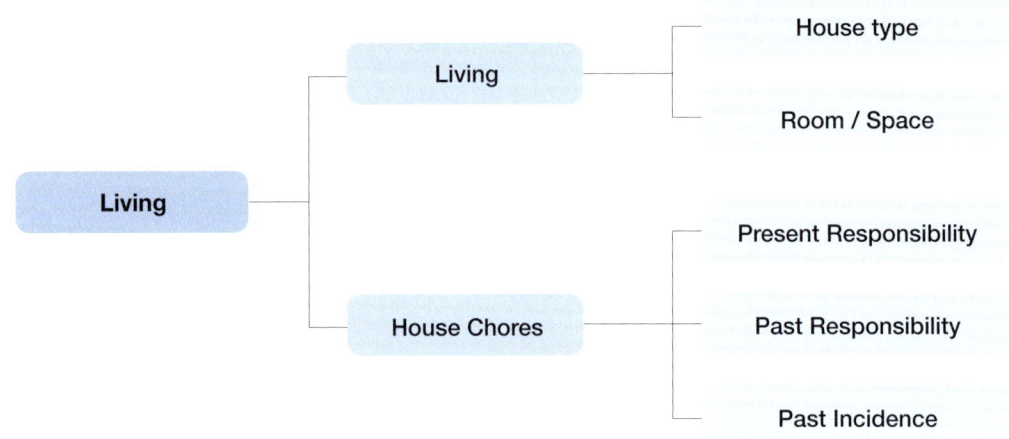

문제 미리보기

1. Housing

Basic Question – Description

Q I'd like to know about where you live. Do you live in a house or an apartment? What does it look like? How many rooms are there? What is your favorite room? Describe other rooms in as much detail as possible.

해석 당신이 어디에 거주하는 지에 대해 알고 싶습니다. 주택에 사시나요 아파트에 사시나요? 어떻게 생겼나요? 얼마나 많은 방이 있나요? 당신이 가장 좋아하는 방은 어디인가요? 다른 방들에 대해도 가능한 자세히 묘사해 보세요.

Broader Question – Narration

Q Where do you live? How have houses or buildings been changed over the past several years? What were they in your childhood? How do people think about these changes? Tell me about it in detail.

해석 어디에 사시나요? 지난 몇 년에 걸쳐 집과 건물들이 어떻게 변해왔나요? 당신이 어릴 때 그것들은 어떠했나요? 이러한 변화에 대한 사람들의 생각은 어떤가요? 자세히 이야기 해보세요.

2. House Chores

Basic Question – Narration

Q I'd like to know more about your responsibilities in your childhood. Have you ever broken something while you were carrying out your responsibilities? When was it? What did you break? Did anyone get upset because of you? Tell me everything in detail.

해석 당신의 어릴 적 책임에 대해 더 알고 싶습니다. 당신이 맡은 일을 하는 동안 무언가 깨뜨리거나 망가뜨린 적이 있나요? 그 일은 언제였나요? 무엇을 망가뜨렸나요? 그로 인해 누군가 기분 상한 일이 있었나요? 자세히 모든 것을 말해주세요.

Broader Question – Narration

Q Tell me about the specific incident in your childhood when you did not do your task. What were you supposed to do? Why could you not do it? Give me all the details as much as possible.

해석 당신이 어릴 적 맡은 일은 하지 않아서 일이났던 특정 사건에 대해 말해주세요. 무엇을 해야했었나요? 왜 그것을 하지 않았나요? 모든 세부사항들을 말해주세요.

Point Up! 1. Housing

Q1 I'd like to know about where you live. Do you live in a house or an apartment? What does it look like? How many rooms are there? What is your favorite room? Describe other rooms in as much detail as possible.

···→ AL 등급공략! 거주지에 대한 묘사

주거 형태, 구조, 특징, 자신만의 집에 대한 느낌 등 다양한 내용으로 구성하되, 다양한 어휘 및 숙어를 사용하여 표현력과 정확성을 높이는 것이 관건입니다. 비교적 쉬운 주제에 방심하게 되어 쉽게 오류가 날 수 있으니 말할 때 주의해야 합니다.

CORE EXPRESSIONS

· **have been ~ing**: ～ 해오고 있다 [현재완료진행]

   → 현재완료진행은 과거의 어느 시점에서 지금까지 계속 해오고 있음을 표현할 때 사용합니다.

   Ex. I **have been volunteering** in one of the shelters for homeless people for more than 15 years.

· **help A out with B**: A가 B하는 것을 도와주다

   Ex. My friends **helped** me **out with** moving **out** last Saturday.

· **invest in ~**: ～에 투자하다

   Ex. The rich man decided to **invest in** the newly founded company.

· **형용사 enough (for 목적격) to R**: ～(이)가 R하기에 충분히 ～ 하다

   Ex. It is spacious **enough for** one person **to move** around.

· **when it comes to 명사 ~ing**: ～하는데 관한 한

   Ex. The apartment seems the greatest **when it comes to** its location and price.

· **relieve stress**: 스트레스를 풀다(해소하다)

   Ex. I usually **relieve** my **stress** by watching movies.

Model Answer

I have been living alone for many years and now live in a studio in Bundang, Gyeonggi-do. It's an 8-story building and I live on the 7th floor. The first and second floors are for businesses such as restaurants, bars, and coffee shops.

❶ 주거타입

My studio has a loft. The ceiling in the loft is very low so for a tall person like me, I can't do much up there but the extra space helps me out with storage. I have a bed, drawers and a few boxes up in the loft. In the living area downstairs, I have a couch, an armchair, a coffee table, a lamp and a TV. The kitchen is very small but it's spacious enough for one person to move around. I love cooking so I invested in many cooking devices such as an oven and a slow cooker.

❷ 집의 구조

My favorite part of the studio is the living area. One of my favorite things to do for relieving stress is to watch TV. That's why I have a couch and an armchair because it's all about comfort when it comes to watching TV.

❸ 선호 공간

At first, I only had a couch but one day, I saw someone selling a used armchair for 5000 won. I did not need an armchair but it was only 5000 won and it came with a foot stool! So I bought it and I'm very happy with my decision.

❹ 자신의 생각

Point Up! ▶ 2. Housing Chore

Q2 I'd like to know more about your responsibilities in your childhood. Have you ever broken something while you were carrying out your responsibilities? When was it? What did you break? Did anyone get upset because of you? Tell me everything in detail.

⋯▶ AL 등급공략! 집안일에 대한 경험

어렸을 때 맡았던 집안일을 설명하되 관련된 기억에 남는 에피소드로 본인만의 독특한 경험이야기를 하는 문제입니다. 어떤 일을 했었는지, 무슨 일이 있었는지 그리고 결과는 어떠했는지 등으로 답변을 구성합니다.

CORE EXPRESSIONS

· **had p.p**: [과거완료]
 → 과거완료는 과거의 어느 때에 이미 있었거나 행하여졌던 동작을 표현할 때 사용합니다.
 Ex. The movie **had already started** by the time I got to the theater.

· **on my own**: 나 혼자, 스스로
 Ex. I don't think I can do everything **on my own**.

· **clog**: 막다, 막히다
 Ex. People shouldn't eat too much fatty foods or they might have **clogged** arteries when they are older.

· **In the end**: 결국에는, 마침내
 Ex. In the end, I got a refund but if took me a month to solve the problem.

· **certainly**: 틀림없이, 분명히
 Ex. Wow, there are **certainly** a lot of people on the subway today.

Model Answer

I broke a few dishes here and there but the biggest incident was clogging the toilet while I was cleaning the bathroom.

❶ 사건소개

I was about 12 years old and it was a huge spring cleaning weekend. Mom asked me if I wanted to clean all the bedrooms with myolder sister or the bathroom on my own. The previous night, I had an argument with my sister and I did not want to clean with her so I chose to clean the bathroom even though I knew it was a lot of work. I had helped mom clean the bathroom before, but that was my first time doing everything on my own. I started with scrubbing the floor and walls. Then I moved on to the toilet bowl. I scrubbed every bit of that bowl and even wiped it with a clean dry cloth.

❷ 사건의 발단

Then when I was done, I flushed down the cloth in the toilet bowl! I did not realize what I was doing until I saw the toilet clogged and water everywhere! I tried fixing it by myself with a toilet plunger for 30 minutes but I wasn't strong enough.

❸ 사건 발생

So I had to call mom for help. She certainly was not happy! In the end, we had to call the handyman and we couldn't use the toilet until the next day.

❹ 결과 및 해결

Level Up! 한국인의 말하기 취약점 분석

다양한 형태의 시제 활용

AL에서 기대되는 동명사, 부정사, 관계부사 등을 활용하여 다양한 형태의 시제 사용이 Point!

- ☑ remember + -ing: ~했던 것을 기억하다. (과거의 기억)
- ☑ remember + to R: ~할 것을 기억하다. (미래에 대한 기억)
- ☑ remember a time when S + 과거동사 ~: (과거에) ~ 했던 때를 기억하다. (과거의 기억)

Example

I remember renovating my apartment several years ago.

나는 몇 년 전에 나의 아파트를 리모델링 했던 것을 기억한다.

I remember going the bank to pay a bill a couple of weeks ago.

나는 2~3주 전에 세금을 내기 위해 은행에 갔던 것을 기억한다.

I remember a time when I didn't have an umbrella with me on a rainy day.

나는 비 오던 날 우산을 가지고 오지 않았던 때를 기억한다.

I vividly remember being both excited and scared about flying when I was a kid.

나는 어릴 적에 비행기를 타는 것에 흥분하며 무서워하기도 했던 것을 선명하게 기억한다.

I remember a time when I was stuck in traffic forever.

나는 오랫동안 교통체증에 시달렸던 때를 기억한다.

Power Up! Self-training

I'd like to know more about your responsibilities in your childhood. Have you ever broken something while you were carrying out your responsibilities? When was it? What did you break? Did anyone get upset because of you? Tell me everything in detail.

Make your own answer

Chapter **2**

Work/Vacation

☑ Background Survey

Work/Vacation에 관련된 설문항목에는 어떤 것들이 있는지 알아보아요.

No. 1 현재 귀하는 어느 분야에 종사하고 계십니까?
☐ 사업/회사 ☐ 재택근무/재택사업 ☐ 교사/교육자 ☐ 군 복무 ☐ 일 경험 없음 1.1. 현재 귀하는 직업이 있으십니까? ☐ 네 ☐ 아니오 1.1.1. 귀하의 근무 기간은 얼마나 되십니까? ☐ 첫 직장 – 2개월 미만 ☐ 첫 직장 – 2개월 이상 ☐ 첫 직장 아님 – 경험 많음 1.1.1.1. 당신은 부하 직원을 관리하는 관리직을 맡고 있습니까? ☐ 네 ☐ 아니오

☑ 출제경향 파악하기

어떤 유형의 문제들이 출제되는지 알아보아요.

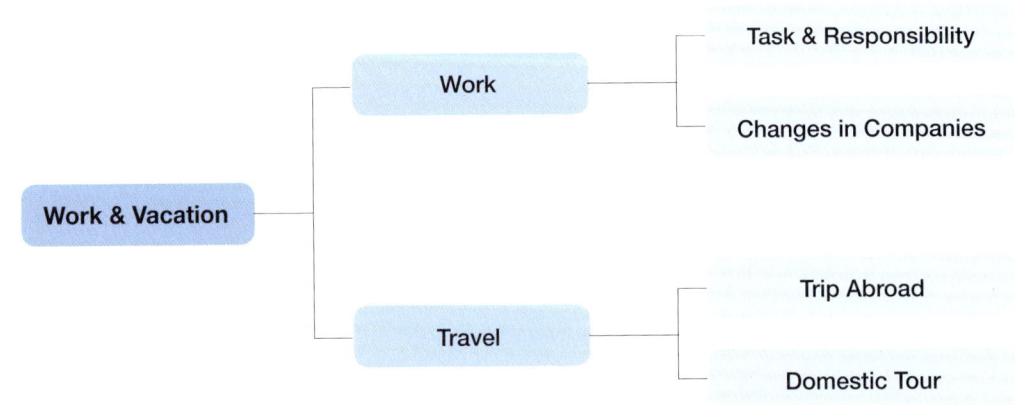

문제 미리보기

1. Work

Basic Question – Description

Q Tell me about your job. What kind of work do you do?

> 해석 당신의 직업에 대해 말해주세요. 어떤 일을 하시나요?

Broader Question – Narration

Q I'd like to know about changes that have been happening at all companies in your country. What changes have you noticed? How has your company changed? Describe in detail.

> 해석 당신 나라의 모든 회사에 일어나고 있는 변화에 대해 알고 싶습니다. 어떤 변화를 보셨나요? 당신의 회사는 어떻게 변하였나요? 자세히 말해주세요.

2. Travel

Basic Question – Narration

Q Can you tell me what you'd like to do when you visit another country?

> 해석 다른 나라에 간다면 당신이 하고 싶은 것에 대해 말해 주시겠어요?

Broader Question – Narration

Q Do you remember your first trip abroad? When was it? Where did you go? Who did you go with? What did you do? Tell me the whole story in detail.

> 해석 당신의 첫 번째 해외여행을 기억하시나요? 언제있나요? 어디로 있있나요? 누구와 함께 갔었나요? 무엇을 했나요? 자세하게 말해주세요

Point Up! ▸ 1. Work

Q1 I'd like to know about changes that have been happening at all companies in your country. What changes have you noticed? How has your company changed? Describe in detail.

⋯▸ AL 등급공략! 우리나라 기업의 변화상

변화상을 물어보는 문제는 정확한 시제의 사용이 중요합니다. 과거시제, 현재 시제 그리고 완료 시제를 정확하게 연습해 보세요. 회사에 일어나고 있는 여러 가지 변화들 중에 특징적인 하나를 선택해서 구체적인 예를 들고 변화의 계기나 이유도 함께 답변으로 구성해 봅니다.

CORE EXPRESSIONS

· **so + 형용사/부사 + that ~**: 너무 ~해서 (그 결과) ~하다
   Ex. I was **so** late **that** by the time I arrived, my coworker had already left.

· **In the past**: 과거에는
   Ex. In the past, people used to buy groceries at traditional markets.

· **Furthermore**: 뿐만 아니라, 게다가
   Ex. To get a refund on your purchase you need to return the product. **Furthermore**, you need to have a valid receipt.

· **A rather than B**: A 보다는 B
   Ex. My girlfriend prefers to exercise indoors on a cold day **rather than** exercising outdoors.

· **from the get go**: 처음부터
   Ex. I knew my boss was going to be upset but he started yelling at me **from the get go**.

· **assign to**: ~에 배정하다
   Ex. At first, there were three people **assigned to** the project but it's such a huge project that we needed more people.

As the world gets smaller, every company is trying their best to meet the needs of customers with different backgrounds from all over the world.

❶ 기업의 변화

My current employer is not different in that regard.

❷ 우리 회사의 경우

These days, the new trend is glocalization not globalization. The definition of globalization has always been so extensive that companies are now focusing more on glocalization which is following the global flow while also trying to accommodate the local politics, economy, society and community. To do so, companies had to make a few changes and the major difference is in the labor force.

❸ 가장 큰 변화

In the past, when Korean companies wanted to expand internationally, they first employed Koreans, invested in their English training, and sent them to different countries. Furthermore, companies hired local employees for the production part of their operation rather than placing them in administrative positions.

❹ 과거

Now, from the get-go, companies will assign employees to specific countries and have them learn the local language before they are sent abroad in order to facilitate their transition. It is also more common now to find locals working in administrative positions.

❺ 과거

This fact, I would say, is the biggest change that has been happening of late.

❻ 마무리

Point Up! ▶ 2. Travel

Q2 Do you remember your first trip abroad? When was it? Where did you go? Who did you go with? What did you do? Tell me the whole story in detail.

⋯▸ AL 등급공략! 해외 여행 경험

본인만의 해외 여행 경험을 언제, 어디로 갔으며 누구와 무엇을 했었는지 구체적으로 서술하는 문제 입니다. 경험 이야기는 정확한 과거시제의 사용이 중요합니다. 기억에 남는 이유는 무엇인지 왜 기억에 남는 지 등으로 이야기를 풍성하게 구성할 수 있습니다.

CORE EXPRESSIONS

· **nostalgic**: 향수를 불러일으키는

Ex. Whenever I eat strawberry ice-cream I feel **nostalgic**, that used to be my grandfather's favorite ice-cream.

· **whether or not**: ～인지 아닌지

Ex. She said she is available on Friday but I don't know **whether or not** she is coming to the party.

· **Fortunately**: 다행히도

Ex. I'm a good cook but I'm not a good baker **fortunately** my husband is a good baker.

· **suffer from**: ～로 고통 받다

Ex. If big cities don't reduce air pollution many people will **suffer from** respiratory problems.

· **overwhelmed**: 압도된

Ex. Last week at work I was **overwhelmed** with the enormous amount of projects and responsibilities I had.

· **overall**: 전반적으로, 정리하자면

Ex. **Overall**, this is what the bank I go to looks like.

Although my memory is a bit foggy about my first trip abroad, I get nostalgic when I think about it.

❶ 첫 해외여행 경험에 대한 느낌

When I was only 10 or 11 years old, my family and I took a trip to Paris and I so vividly remember being both excited and scared about flying. The year before that, I learned that I suffer from seasickness. It was my first time flying and I wasn't sure whether or not I would get sick on the plane. Fortunately, I did not.

❷ 누구와 언제였는지

Paris was magnificent. The view from the top of The Eiffel Tower was unbelievable! The Palace of Versailles is still the most beautiful place I've ever visited to this day. I remember sitting in the middle of the Hall of Mirrors just fascinated by the decor and overwhelmed by the beauty in front of me. At the Louvre, where the Mona Lisa is kept for most of the time, I remember being somewhat disappointed. There was one of the most famous paintings in the world in front of my eyes but all I could think was how unimpressive it was.

❸ 어디서 무엇을 했는지

Overall, it was one of the best trips I've ever been on with my family.

❹ 마무리

Level Up!

 ## 현재완료 시제, 과거완료 시제의 사용

정확한 시제 사용은 AL고득점의 길! 과거-현재 시제의 혼용 뿐만 아니라 완료 시제를 정확하게 사용하여 **레벨업**할 수 있다.

- ☑ have p.p: ~해왔다
- ☑ had p.p: ~했었다

Example

Phones have changed a lot in the last 20 years or so.

휴대전화는 지난 20여년간 많이 변화해 왔다.

Transportation has gotten a lot faster than in the past.

교통수단은 과거보다 훨씬 더 빨라졌다.

I have been driving for about 10 years now.

나는 10년째 운전을 하고 있다.

I'd never seen anything like that before.

나는 그런 걸 예전에 한번도 본적이 없다.

She hadn't changed a bit.

그녀는 조금도 변하지 않았었다.

I hadn't seen her before I felt for Paris.

나는 파리로 떠나기 전에 그녀를 만나지 못했다.

Power Up! Self-training

I'd like to know about your travel experiences. Describe the country or city where you visited during your vacation. Where did you go? What did you do and see? Tell me everything in detail.

Make your own answer

Chapter 3

Exercise

☑ Background Survey

Exercise에 관련된 설문항목에는 어떤 것들이 있는지 알아보아요.

| **No. 6** 귀하는 주로 어떤 운동을 즐기십니까? (한 개 이상 선택) |

☐ 농구   ☐ 야구/소프트볼   ☐ 축구   ☐ 미식축구

☐ 하키   ☐ 크리켓   ☐ 골프   ☐ 배구

☐ 테니스   ☐ 배드민턴   ☐ 탁구   ☐ 수영

☐ 자전거   ☐ 스키/스노우보드   ☐ 아이스 스케이트   ☐ 조깅

☐ 걷기   ☐ 요가   ☐ 하이킹/트레킹   ☐ 낚시

☐ 헬스   ☐ 태권도   ☐ 운동수업 수강하기

☐ 운동을 전혀 하지 않음.

☑ 출제경향 파악하기

어떤 유형의 문제들이 출제되는지 알아보아요.

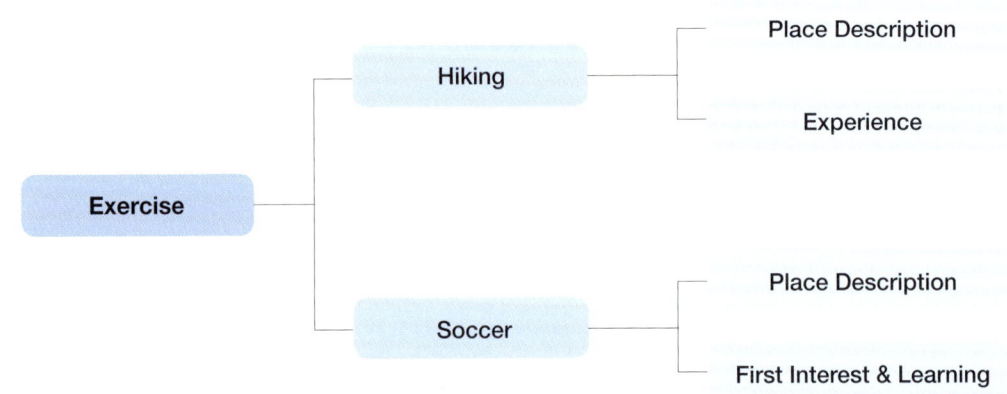

Exercise
- Hiking
  - Place Description
  - Experience
- Soccer
  - Place Description
  - First Interest & Learning

문제 미리보기

1. Hiking

Basic Question – Description

Q You indicated in the survey that you like hiking. Why do you like hiking? How often do you hike?

해석 당신은 하이킹을 좋아한다고 했습니다. 왜 좋아하나요? 얼마나 자주 등산 하나요?

Broader Question – Narration

Q You indicated in the survey that you like hiking. Tell me about the most recent hiking/tracking experience. Where did you go? Who did you go with? Tell me the whole story from beginning to end.

해석 당신은 하이킹/트레킹을 좋아한다고 했습니다. 가장 최근의 하이킹/트레킹 경험에 대해 말해주세요. 어디로 갔었나요? 누구와 함께 갔었나요? 처음부터 끝까지 모두 이야기해 보세요.

2. Soccer

Basic Question – Narration

Q You indicated that you like playing soccer. Tell me about the place you go play soccer with your teams or friends. Where is it? Describe the place in detail.

해석 당신은 축구를 좋아한다고 했습니다. 팀원이나 친구들과 축구하는 장소에 대해 말해주세요. 어디에 있나요? 장소를 상세하게 묘사해 주세요.

Broader Question – Narration

Q I'd like to know how you first became interested in playing soccer. When did you start playing soccer? Who taught you how to play? Was it easy or difficult in the beginning? Tell me everything in detail.

해석 축구에 흥미를 가지게 된 계기에 대해 알고 싶습니다. 언제 축구를 하기 시작했나요? 누가 가르쳐주었나요? 처음에 쉬웠나요 아니면 어려웠나요? 자세하게 말해주세요

Point Up! 1. Hiking

Q1 You indicated in the survey that you like hiking. Tell me about the most recent hiking/tracking experience. Where did you go? Who did you go with? Tell me the whole story from beginning to end.

⋯▶ AL 등급공략! 최근 등산 경험

최근에 했던 등산 경험을 묻는 문제입니다. 단순하게 육하원칙에 맞춘 답변 보다는 기억에 남을 만한 에피소드로 답변을 준비 할 수 있습니다. 다양한 관용구와 과거시제의 정확한 사용으로 훨씬 더 풍성하고 체계적으로 답변을 준비해 보세요.

CORE EXPRESSIONS

· **be of the opinion that**: ~라고 생각하다

   Ex. I **was of the opinion that** we only needed one text book for this class.

· **work up an appetite**: 입맛을 돋구다

   Ex. I usually exercise before dinner to **work up an appetite**.

· **magnificent**: 아름다운, 훌륭한

   Ex. There is a **magnificent** display of contemporary art at the museum this weekend, let's go!

· **the more ~ the less ~**: 더~ 할 수록 더욱더 ~아니다

   Ex. The more I work **the less** time I have to spend with my family.

· **run into**: ~를 우연히 만나다

   Ex. It seems like every time I go shopping at that store I **run into** somebody I know.

The last time I went hiking was during the trip I took to Jeju with a friend.

❶ 누구와 어디로

One morning, my friend recommended a hike. I do enjoy hiking but I was in Jeju and was of the opinion that there were better things to do than hiking. But my friend strongly suggested that we check out this beautiful forest he had read about online. He also mentioned that it would take about an hour. So I thought it would be a good idea to go and work up an appetite before lunch.

❷ 등산가게 된 계기

We drove to the top of a hill where we wanted to start our hike. The view was magnificent so we were excited when we entered the woods. There were so many different kinds of trees, flowers and even animals! We wanted to walk along the top of the range to enjoy the view so after hiking for about 30 minutes, we decided to turn around and head back to the car.

❸ 등산하면서 즐긴 것들

But the more we walked, the less things looked familiar. It took us an hour to finally admit that we were lost. We did not even have water on us and the phones were not working because there was no wi-fi. We walked for another hour until we ran into a group of hikers. They had a map so they were able to show us the way back to our car. It took 2 hours to get back to the car. I was so tired on the way back that I wanted to cry.

❹ 기억에 남는 에피소드

But now, my friend and I have an awesome story to share with others!

❺ 마무리

Point Up! 2. Soccer

Q2 I'd like to know how you first became interested in playing soccer. When did you start playing soccer? Who taught you how to play? Was it easy or difficult in the beginning? Tell me everything in detail.

⋯▸ AL 등급공략!

처음 축구에 흥미를 가지게 된 계기가 누구 때문이었는지를 답변의 초반에 풀어가며 이야기를 구성하고 과거의 습관을 표현할 수 있는 조동사 사용, 명사절 등의 사용으로 가산 포인트를 잡을 수 있습니다.

CORE EXPRESSIONS

· **used to**: ~하곤 했었다 (과거의 습관)

Ex. I **used to** play the guitar in a band but I really don't have time to do that anymore.

· **instead of**: ~대신에

Ex. Honey, I thought we could go to that new Mexican restaurant **instead of** going to our usual Italian restaurant.

· **can't stop ~ing**: ~하는 것을 멈출 수 없다

Ex. Yesterday in class my teacher told me to be quiet but I **couldn't stop laughing** at a joke my friend told.

· **in no time**: 곧, 당장

Ex. If you get started on your homework now you will be finished **in no time**.

· **as ~ as ~**: ~처럼 ~한

Ex. She is **as** tall **as** he is Maybe a little taller.

· **awesome**: 기막히게 좋은, 굉장한

Ex. Being a mother is not easy, but it's an **awesome** responsibility.

Model Answer

I have 3 brothers and my older brother taught me how to play soccer when I was 6 years old. We lived in the countryside when we were kids and all the children in our town used to play together every single day. The most popular game boys liked to play was soccer because all we needed was a ball!

❶ 어린 시절의 놀이

I was a very small child and a slow runner. When the boys were playing soccer, I used to sit by the end of the field and just watch. Then one night, I asked my older brother to teach me how to play soccer. He saw how much I wanted to learn and told me that I needed to become stronger first. So instead of just watching the game, he said I should start running along the field. And I did. I ran every day while my brother played soccer. Slowly, I became faster. One day, he picked me to be one of his teammates. I was super excited! But that day, I did not even get to kick a ball once because I was busy just running after the ball! But even that was so much fun. When we were eating dinner that night, I couldn't stop talking about how awesome it was to play soccer.

❷ 축구를 하게 된 계기

Since then, I've played soccer every day and in no time, I became as good and fast as any other boys on the team.

❸ 마무리

Level Up!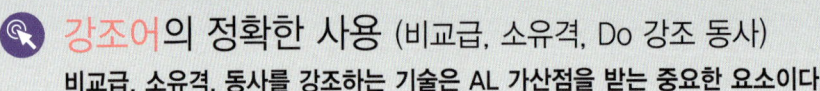

한국인의 말하기 취약점 분석

강조어의 정확한 사용 (비교급, 소유격, Do 강조 동사)

비교급, 소유격, 동사를 강조하는 기술은 AL 가산점을 받는 중요한 요소이다!

- ☑ **비교급**: 형용사 or 부사 + er/more 형용사/부사 + than
- ☑ **소유격**: one's own ~
- ☑ **동사강조**: do/does + 동사원형

Example

The rainy season has gotten a lot longer than in the past.

장마철은 과거보다 훨씬 더 길어졌다.

Because people have become much busier than in the past, I think they eat out more often.

과거보다 사람들이 훨씬 바빠졌기 때문에 외식을 많이 하는 것 같다.

My favorite room would have to be my own bedroom.

내가 제일 좋아하는 방은 내 침실이라고 말하는 편이 맞겠다.

Most neighborhoods have their own parks.

대부분의 동네에는 그들만의 자체적인 공원이 있다.

I do enjoy hiking as well.

나는 등산도 물론 좋아한다.

Power Up! Self-training

You indicated that you like playing soccer. I'd like to know about a place you go play soccer with your teams or friends. Where is it? How big is it? Describe the place in detail.

Make your own answer

Chapter **4**   Hobby/Interest 1- Reading/Music

☑ Background Survey

Hobby/Interest에 관련된 설문항목에는 어떤 것들이 있는지 알아보아요.

No. 5 귀하의 취미나 관심사는 무엇입니까? (한 개 이상 선택)		
☐ 아이에게 책 읽어주기	☐ 음악 감상하기	☐ 악기 연주하기
☐ 춤추기	☐ 글쓰기(편지, 단문, 시 등)	☐ 그림 그리기
☐ 요리하기	☐ 애완동물 기르기	☐ 독서
☐ 주식	☐ 신문읽기	☐ 여행 관련 잡지나 블로그 읽기
☐ 사진 촬영하기	☐ 혼자 노래 부르거나 합창하기	

☑ 출제경향 파악하기

어떤 유형의 문제들이 출제되는지 알아보아요.

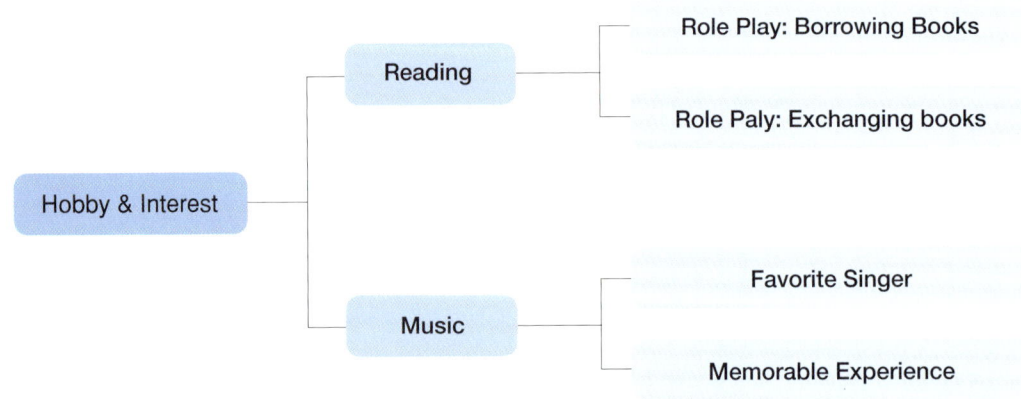

문제 미리보기

1. Reading Children books

Basic Question – Description

Q I'm going to give a situation and have you act it out. You're planning to read your child a book. Call the librarian and ask three or four questions books.

해석 상황을 드릴테니 역할 연기를 해보세요. 당신은 아이에게 책을 읽어주려고 합니다. 전화해서 세 네 가지 질문을 해보세요.

Broader Question – Narration

Q I'd like to give you a situation and ask you to act it out. You chose a book you want to read to children. However, the children have already read the book. Go to the library, explain the situation and give 2 or 3 options to the librarian.

해석 상황을 드릴테니 역할 연기를 해보세요. 아이에게 읽어줄 책을 하나 선택했습니다. 하지만 아이가 이미 그 책을 읽었다고 하네요. 도서관에 가서 상황을 설명하고 사서에게 두 세가지 제안을 해보세요.

 ### 2. Music

Basic Question – Narration

Q You indicated in the survey you like to listen to music. What kind of music do you like? When do you usually listen to music? Why do you like to listen to that kind of music?

해석 설문조사에서 음악 듣는 것을 좋아한다고 했습니다. 어떤 종류의 음악을 좋아하나요? 언제 음악을 듣나요? 왜 그 장르의 음악을 듣나요?

Broader Question – Narration

Q I'd like to know more about your interest in music. Tell me about the most memorable live music experience you have had. When and where was it? What kind of music did you listen to? Why is this the most memorable experience? Describe in detail.

해석 당신의 음악 취향에 대해 알고 싶습니다. 가장 기억에 남는 라이브음악 경험에 대해 이야기 해주세요. 언제 어디서였나요? 어떤 음악을 들었나요? 왜 가장 기억에 남는 경험인가요? 자세하게 말해주세요.

Point Up! 1. Reading Children books

Q1 I'd like to give you a situation and ask you to act it out. You chose a book you want to read to children. However, the children have already read the book. Go to the library, explain the situation and give 2 or 3 options to the librarian.

⋯▶ AL 등급공략!

이 유형은 주어진 주제 또는 상황의 문제점을 적절하게 설명하고 대안을 마련하는 능력을 평가하는 유형입니다. 빌려온 책을 아이가 읽었다는 부분을 잘 활용하여 상황설명, 그에 맞는 대안을 제시하는 문제입니다. 직접 도서관 사서와 이야기하듯이 자연스럽게 대화/연기하는 것이 중요합니다.

CORE EXPRESSIONS

· **stubborn**: 고집이 센, 완고한

　Ex. My brother is very **stubborn** and he won't admit when he is wrong even if he knows he is wrong.

· **wonder if ~**: ~여부를 궁금해하다

　Ex. When I look at the stars at night I **wonder if** there is life on other planets.

· **If not**: 그것이 아니라면, 그렇지 않다면

　Ex. I'm going to see that new movie on Friday if it's in the theater, but **if not**, I will probably wait until next week.

· **meanwhile**: 그 동안에

　Ex. Let's cook dinner together. You cut the vegetables **meanwhile** I will prepare the meat.

· **hold on to**: ~을 맡아 주다, 보관하다

　Ex. I was going to give my aunt her birthday present today but she told me just **hold on to** it until the party tomorrow.

· **in any way possible**: 가능한 모든 방법으로

　Ex. It's the manager's responsibility to help the employees **in any way possible**.

Model Answer

Hello, there. My name is Brian Choi and I was here about an hour ago and I borrowed these 3 books to read to my children tonight.

❶ 인사, 본인 소개 및 찾아온 이유

But when I showed them these books, one of my girls told me that she already has this one book. You know what kids are like. She does not want to read it again not even with her sister who has not read it. My girls can be stubborn when it comes to bedtime stories. If I don't have 3 books for bedtime, they will start crying and will not stop.

❷ 문제점 설명

So I was wondering if I could exchange this book for another one. If not, how about taking another book and returning it in 30 minutes? Meanwhile, you can hold on to my ID card.

❸ 대안 마련

I hope you can understand my situation and help me out in any way possible.

❹ 마무리

Point Up! 2. Music

Q2 I'd like to know more about your interest in music. Tell me about the most memorable live music experience you have had. When and where was it? What kind of music did you listen to? Why is this the most memorable experience? Describe in detail.

···▶ AL 등급공략!

라이브 음악을 접할 수 있는 콘서트, 라이브카페 혹은 대학교 축제 등으로 본인만의 라이브음악 경험으로 이야기를 구성해 볼 수 있습니다. 특별히 좋아하는 가수가 공연을 해서 좋았다는 내용 등으로 해당 경험이 기억에 남을 만한 타당한 이유를 제시하여 단답형 답변보다는 될 수 있는 한 구체적인 서술을 하는 것이 좋습니다.

CORE EXPRESSIONS

· **without even ~ing**: ～하지도 않고

  Ex. our children are very obedient they do what they are told **without even questioning**.

· **in person**: 직접

  Ex. I hope to be able to visit with my grandparents **in person** because I've been studying abroad and I've only spoken to them over the phone.

· **by heart**: 외워서

  Ex. She must have learned that piece of music **by heart** because she plays it perfectly.

· **give 100%**: 전력을 다하다

  Ex. I really admire that soccer player, he works hard and always **gives 100%**!

· **certainly**: 틀림없이, 분명히

  Ex. I **certainly** enjoy eating out but cooking at home can be good too.

Model Answer

I am not a huge fan of hip hop but Eminem is an exception. I think he's a very talented artist and his music is awesome.

❶ 좋아하는 가수 소개

A few years ago, he came to South Korea on a tour. The day I heard about it, I bought the tickets for myself and my boyfriend without even asking if he wanted to go. Of course, he was more than happy to go and see him because he also is a huge fan. I was so excited to see Eminem in person that I couldn't sleep at all the night before.

❷ 콘서트 가게 된 계기 및 느낌

When we got to the venue, I was quite disappointed by how small it was and how far I was from the stage. Then he came on stage 45 minutes later than he was supposed to. But boy, did he give his 100%! He sang all of his hit songs and I knew all the lyrics by heart! He even had a huge surprise for his fans in Korea! He brought Dr. Dre with him! My boyfriend and I were singing and dancing all throughout the concert.

❸ 전반적인 콘서트 분위기

He performed for only about 1 hour and 15 minutes but that certainly was the best live music experience I've ever had to this day.

❹ 마무리

다양한 **주제별 동사 + 형용사 + 부사** 사용

주제별로 중요한 동사사용, 다양한 형용사와 부사사용이 Point!

☑ 주제별 다양한 동사표현 익혀두기!

☑ 소형용사의 형태에 주의하여, 다양한 의미를 습득해 두기!

Example

They serve various types of meat such as pork, beef, chicken and duck.

돼지고기, 소고기, 닭고기 그리고 오리고기 같은 다양한 종류의 고기를 판다.

It starred some of the top actors and actresses in Korea.

한국에서 유명한 여배우와 남배우가 주연으로 출연했다.

The view was magnificent.

전망은 정말 아름다웠다.

I have an awesome story to share with others!

다른 사람들에게 말해줄 멋진 이야기가 있다.

I couldn't stop talking about how awesome it was.

얼마나 멋졌는지에 대해 끊임없이 말했다.

The food tasted amazing (incredible).

음식이 끝내주게 맛있었다.

The food tasted extra good.

음식이 유난히 맛있었다.

I don't have a particular genre I like when it comes to music.

음악에 관해 이야기 하자면 좋아하는 특정한 장르는 없다.

Power Up! Self-training

You indicated in the survey that you enjoy listening to music. What made you first become interested in music? When was it? Tell me about the changes in your musical tastes.

Make your own answer

Chapter 5   Hobby/Interest 2-Stocks/Drawing

☑ Background Survey

Hobby/Interest에 관련된 설문항목에는 어떤 것들이 있는지 알아보아요.

No. 5 귀하의 취미나 관심사는 무엇입니까? (한 개 이상 선택)

- ☐ 아이에게 책 읽어주기
- ☐ 음악 감상하기
- ☐ 악기 연주하기
- ☐ 춤추기
- ☐ 글쓰기(편지, 단문, 시 등)
- ☐ 그림 그리기
- ☐ 요리하기
- ☐ 애완동물 기르기
- ☐ 독서
- ☐ 주식
- ☐ 신문읽기
- ☐ 여행 관련 잡지나 블로그 읽기
- ☐ 사진 촬영하기
- ☐ 혼자 노래 부르거나 합창하기

☑ 출제경향 파악하기

어떤 유형의 문제들이 출제되는지 알아보아요.

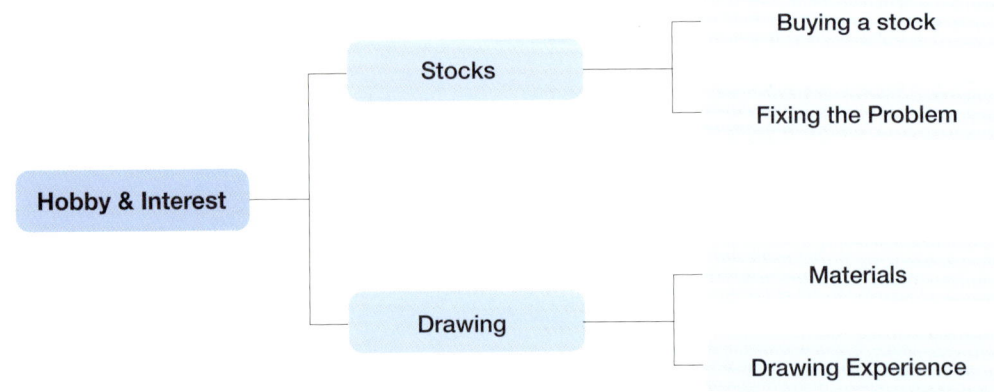

문제 미리보기

1. Stocks

Q I'm going to give a situation and have you act it out. You are planning to invest a new company. Call the stock manager and ask 3 or 4 questions about the company.

해석 상황을 드릴테니 역할 연기를 해보세요. 당신은 새로운 회사에 투자를 하려고 합니다. 주식 매니저에게 전화를 걸어 그 회사에 관한 세 네개 정도의 질문을 해보세요.

Broader Question – Narration

Q I'd like to give you a situation and ask you to act it out. Your friend asked for your help in investment. Unfortunately, the information you gave to your friend turned out to be incorrect and it cost your friend a lot of money. Call your friend, explain what happened and suggest 2 or 3 solutions.

해석 상황을 드릴테니 연기해보세요. 당신의 친구가 투자관련 도움을 요청했습니다. 안타깝게도, 당신이 친구에게 준 정보가 잘못되었고 친구가 많은 돈을 잃게 되었습니다. 친구에게 전화해 상황을 설명하고 두 세가지 방안을 제안해 보세요.

2. Drawing

Q Let's talk about drawing. Describe in detail the materials you need to paint or draw pictures.

해석 그림 그리기에 대해 말해봅시다. 그림 그릴 때 필요한 재료에 대해 자세히 말해보세요.

Broader Question – Narration

Q Tell me about a memorable experience you had that happened while you were drawing or painting. Where were you? What were you drawing or painting? How did you feel? What made it so memorable? Tell me about the experience in detail.

해석 그림을 그리다가 일어났던 기억에 남는 경험에 대해 이야기 해주세요. 당신은 어디에 있었나요? 무엇을 그리고 있었 나요? 어떤 기분이었나요? 무엇이 그 경험을 기억에 남도록 했나요? 그 경험에 대해 자세히 말해보세요.

Point Up! | 1. Stocks

Q1 I'd like to give you a situation and ask you to act it out. Your friend asked for your help in investment. Unfortunately, the information you gave to your friend turned out to be incorrect and it cost your friend a lot of money. Call your friend, explain what happened and suggest 2 or 3 solutions.

⋯ AL 등급공략!

문제 해결을 하는 롤 플래이 유형입니다. 친구에게 전화를 하는 것이니 허물없는 표현 사용이 가능하며 상황에 대해 이해를 했다는 것을 보여주고, 제안하는 구문을 사용하여 그에 적합한 대안을 제시하는 것이 중요합니다. 더불어 자신의 생각이나 제안을 뒷받침해주는 구체적인 이유도 함께 준비해 보세요.

CORE EXPRESSIONS

· **I owe you an apology**: 사과해야 한다

Ex. I know I wasn't very nice yesterday I definitely **owe you an apology**.

· **work out**: 일이 잘 풀리다

Ex. I'm a little nervous about my move to a new city I hope everything **works out** with my new job.

· **benefit from**: ~로부터 이익을 얻다

Ex. Do you think most foreign students **benefit from** studying abroad?

· **go public**: 주식을 상장 하다

Ex. Our CEO is very excited about the company's announcement to **go public** in July.

· **take out a loan**: 대출하다

Ex. It's nearly impossible for people to buy a house outright nearly everyone needs to **take out a loan** to finance the purchase.

· **Why don't you**: ~하지 않겠니? ~하는 게 어때? [제안, 권유]

Ex. **Why don't you** join us for lunch?

Hi, June, it's Kevin. How are you? I am glad that you answered my call because it feels like I owe you an apology.

❶ 전화 걸기, 전화 건 목적

I understand that I was the one who suggested you buy that Creative Thinking stock last summer. I am so sorry that it did not work out for you. A friend of mine who works as a fund manager told me that it was 100% guaranteed. That's why I invested in it as well and told you about it so that we could both benefit from it. It is so unfortunate for both of us that it will be another year before they go public. I know you even took out a loan for this.

❷ 문제점 설명

How about this? I feel really bad so why don't you at least let me pay the interest? Or do you want me to consult my friend again to see if he has a better idea? I am terribly sorry again about the situation you find yourself in.

❸ 대안 제시

Let's get together and talk about how we can solve this together. Let me know when works best for you.

❹ 마무리

Point Up! ▶ 2. Drawing

Q2 Tell me about a memorable experience you had that happened while you were drawing or painting. Where were you? What were you drawing or painting? How did you feel? What made it so memorable? Tell me about the experience in detail.

⋯▶ AL 등급공략!

그림 그리기에 관련된 기억에 남는 에피소드를 물어보는 문제입니다. 질문 여러 개를 모두 기억했다가 순서대로 짧게 답변 구성하기 보다는 질문들을 포괄할 수 있는 자신만의 이야기를 만들어서 풀어나가는 데 포인트가 있습니다. 왜 그림을 그렸고 그때의 감정과 기억에 남는 이유를 구체적으로 서술합니다.

CORE EXPRESSIONS

· **stuck in one's head**

　Ex. I heard a song on the radio earlier and now I have that song **stuck in my head**.

· **must have (p.p.)**: ~했음에 틀림없다

　Ex. This city looks familiar I **must have** visited it before, maybe when I was a teenager.

· **extremely**: 극도로, 극히

　Ex. Fairbanks, a northern city in Alaska, is known for **extremely** cold temperatures in the winter and extremely hot temperatures in the summer.

· **tear up**: 눈물이 핑 돌다

　Ex. Every time I see that movie I **tear up**.

· **priceless**: 값을 매길 수 없는, 대단히 귀중한

　Ex. You look so cute in that picture of you feeding the penguins, that picture is **priceless**.

About a year ago, it was my friend's birthday and I wanted to give her something special. I am not so good at picking presents and I thought about what to give her for days and then decided that I would draw a picture for her. Months before that, she uploaded a picture of her and her niece who was about one year old then. They were sitting on a couch looking at each other and it was such a beautiful picture that the image got stuck in my head. I decided to do a sketch of that picture.

❶ 그림 그리게 된 계기

I started working on it a month before her birthday. It was my first time copying a photo into a sketch and it was more difficult than I thought it would be. I must have wasted hundreds of pieces of paper before completing it. It took me 3 weeks to finish it and I was extremely happy with the results.

❷ 그림 그린 과정 묘사

I took it to her birthday party and when she opened the sketch, she started tearing up. She told me that it was the best present she had ever received. It surely took me a long time to finish it but in the end, it was well worth my time. Her reaction was priceless. Now she has the sketch hanging on a wall in her bedroom.

❸ 결과 및 본인의 느낌

Level Up! 한국인의 말하기 취약점 분석

 대명사 사용 (관계대명사, 재귀대명사, 소유대명사, 부정대명사, 복합관계사)

관계대명사의 사용으로 문장구조를 더 복잡하게, 소유대명사의 용법을 여러 가지로 사용,
부정대명사의 사용, 복합관계 대명사로 빈도 표현등은 무조건 가산점!

- ☑ 관계대명사: Which, that, who등의 격에 맞는 활용
- ☑ 재귀대명사: -self/-selves
- ☑ 부정대명사: one/ones
- ☑ 복합관계사: whatever, whoever, whenever, whereever 등

Example

There are various events that take place in my community.

커뮤니티에서 일어나는 다양한 행사가 있다.

Customers grill the meat themselves.

손님들은 직접 고기를 굽는다.

When I was a kid, the furniture I had in my room were a lot smaller than the ones I use now.

어렸을 때 사용했던 가구들이 지금 사용하는 것들 보다 훨씬 더 작다.

I just watch whatever is big at that point of time.

그 당시에 흥행하는 영화를 본다.

I can get access to the internet wherever I am, whenever I want to.

내가 어디 있는지, 원하는 언제든지 인터넷에 접속할 수 있다.

I clean the house whenever I can.

할 수 있는 언제든지 집 청소 한다.

Power Up! Self-training

You indicated in the survey that you enjoy drawing or painting. When did you first become interested in drawing or painting? What first triggered your interest in drawing or painting? How did it develop? How well do you draw or paint now?

Make your own answer

Chapter 6

Activity 1- SNS/Shopping

☑ Background Survey

SNS/Shopping에 관련된 설문항목에는 어떤 것들이 있는지 알아보아요.

No. 4 귀하는 여가 활동으로 주로 무엇을 하십니까? (두 개 이상 선택)

☐ 영화보기   ☐ 클럽/나이트클럽 가기   ☐ 공연보기   ☐ 콘서트 보기

☐ 박물관 가기   ☐ 공원가기   ☐ 캠핑하기   ☐ 해변가기

☐ 스포츠 관람   ☐ 주거개선   ☐ 술집/바에 가기

☐ 카페/커피전문점 가기   ☐ 게임하기(비디오, 카드, 보드, 휴대폰 등)   ☐ 당구 치기

☐ 체스하기   ☐ SNS에 글 올리기   ☐ 친구들과 문자대화하기

☐ 시험대비 과정 수강하기   ☐ TV 보기   ☐ 리얼리티쇼 시청하기

☐ 뉴스를 보거나 듣기   ☐ 요리 관련 프로그램 시청하기   ☐ 쇼핑하기

☐ 차로 드라이브하기   ☐ 스파/마사지샵 가기   ☐ 구직활동하기   ☐ 자원봉사

☑ 출제경향 파악하기

어떤 유형의 문제들이 출제되는지 알아보아요.

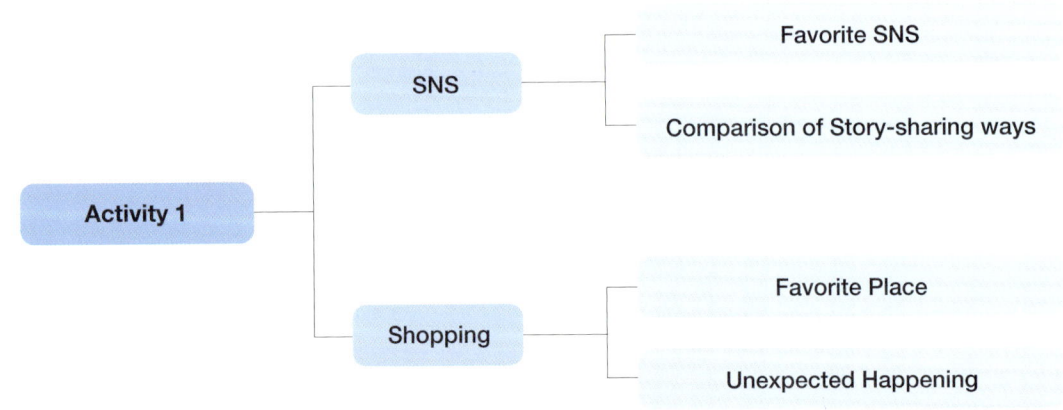

Activity 1
- SNS
  - Favorite SNS
  - Comparison of Story-sharing ways
- Shopping
  - Favorite Place
  - Unexpected Happening

문제 미리보기

1. SNS

Q What is your favorite SNS site? Why do you like it? Tell me about the site in detail

해석 당신이 가장 좋아하는 SNS는 무엇인가요? 왜 좋아하나요? 그 웹사이트에 대해 자세히 말해주세요.

Broader Question – Narration

Q There are many ways to share your stories with others these days. Among many, SNS has become very popular among people worldwide. What do you think the differences and similarities are between sharing on SNS or writing a diary or letters? Describe in detail.

해석 요즘 다른 사람들과 이야기를 나눌 수 있는 여러 가지 방법들이 있습니다. 그 중에서, SNS는 세계적으로 사람들 사이에 인기가 아주 많은데요. SNS상에서 이야기를 나누는 것과 일기나 편지를 쓰는 것의 차이점과 비슷한 점에는 무엇이 있다고 생각하나요? 자세히 말해주세요.

2. Shopping

Q Can you tell me about a place you like to go shopping? Why do you like to go there? What do they sell? Describe the place in detail.

해석 당신이 좋아하는 쇼핑장소에 대해 말해줄 수 있나요? 왜 그곳에 가는 것을 좋아하나요? 무엇을 파나요. 그 장소에 대해 자세히 말해주세요.

Broader Question – Narration

Q Have you ever experienced something unexpected while you were shopping? When was it and what happened? How did you handle the situation? Explain what happened in detail.

해석 쇼핑을 하다가 예상치 못한 무엇인가를 경험한 적이 있나요? 언제 무슨 일이 있었나요? 상황을 어떻게 해결했나요? 무슨 일이 있었는지 자세히 말해주세요.

Point Up! ▶ 1. SNS

Q1 There are many ways to share your stories with others these days. Among many, SNS has become very popular among people worldwide. What do you think the differences and similarities are between sharing on SNS or writing a diary or letters? Describe in detail.

⋯→ AL 등급공략!

SNS와 일기를 쓰는 것의 유사점과 차이점을 각각 분류해서 서술하고 대조 또는 비교할 때 쓰이는 표현들을 잘 활용하도록 합니다. 본인의 경험에 빗대어 각각의 장단점을 내용으로 구성하는 것도 좋습니다.

CORE EXPRESSIONS

· **tend to**: ~하는 경향이 있다.

   Ex. Days when it's raining it's difficult to get a taxi and I **tend to** be late to work.

· **a handful of**: 소수의. 조금의

   Ex. Quantum mechanics is very difficult, only **a handful of** people understand that subject.

· **be(get) leaked**: 새어 나가다

   Ex. Recently information about overseas accounts **was leaked** onto the internet causing problems with secrecy laws and government involvement in private citizen's lives.

· **reflect on**: 반영하다

   Ex. Seeing accidental deaths on the news often causes me to **reflect on** my own life.

· **on average**:

   Ex. Last night I read in the newspaper how there are more than 20 people, **on average**, who die each day in car accidents.

· **should have p.p**: ~했어야 했다

   Ex. There is no reason their restaurant **should have failed** but they just weren't managing it well or using their money wisely.

I tend to be a very introverted person and don't like to share my intimate stories with other people, not even my close friends. That's why I've kept a journal since I was a child. I don't write a diary everyday but I do so on average 2 or 3 nights a week. I enjoy writing down what happened, how it made me feel and how I should've reacted in certain situations. It gives me a better idea on what to do should a similar situation ever arise again. I have several spots where I hide my journal so no one can find it. If anyone can find my diary, then what's the point?

❶ 일기 쓰는 이유 및 장점

On SNS, you can also write about your day and save it so you can have a look later. You can set up your privacy options and decide how open you want your journal to be.

❷ SNS상에 글쓰기

But the major difference is that when you keep a paper journal, even if someone finds it, only a handful of people will be able to read it. But on SNS, if it gets leaked, thousands of people will have access to it. Also I think people use SNS not to reflect on their lives but rather to show it to other people and get as many likes as they can.

❸ SNS와 일기의 차이점

Point Up! ▶ 2. Shopping

Q2 Have you ever experienced something unexpected while you were shopping? When was it and what happened? How did you handle the situation? Explain what happened in detail.

⋯▶ AL 등급공략!

과거에 일어났던 쇼핑 관련된 사건에 대해 이야기를 하는 문제입니다. 스토리 텔링 능력을 보는 문항이니 여러 개의 질문들에 답하는 형식보다는 전체적인 이야기를 꾸며나가는 것이 중요합니다.

CORE EXPRESSIONS

· **queue**: 줄
  Ex. I thought I would only be waiting for a short time in the **queue** at the bank but I ended up waiting for an hour.

· **jump**: 놀라게 하다
  Ex. Every time I watch a scary movie I **jump** when anything surprises me.

· **falsely**: 잘못하여, 부정하게
  Ex. When the police officer asked the witness what he saw he **falsely** said that I was at the crime scene.

· **refuse**: 거절하다, 거부하다
  Ex. Many businesses have a sign in their store that says they can **refuse** service to any customer for any reason.

· **out of nowhere**: 어디선가
  Ex. I was looking at the beautiful summer sky when all of a sudden a bird flew **out of nowhere** and almost hit me in the head.

· **offended**: 기분 상하게하다, 불쾌하게하다
  Ex. These days many people are easily **offended** by other people's words or actions.

Just a few days ago, I had a very unpleasant experience at a supermarket. I wanted to make a tofu salad for dinner and realized that I had everything but the main ingredient, tofu. So I went to a local supermarket to purchase some. I walked over there with just a wallet and a phone. I walked around the store a bit to see if there were any good sales going on. However, I did not find anything good so I picked up a packaged block tofu and went to the cashier. I used the automatic cashier because the queue was shorter.

❶ 슈퍼마켓에 간 이유

As I was leaving, the anti-theft alarm started to go off. It made me jump but I did not stop walking because I did not think it went off because of me. Then out of nowhere a security guard stopped in front of me and asked me to go with him. I refused to do so because I did not do anything wrong. Then we saw a young kid running away like a speeding bullet and we both knew what had happened. The security guard shouted his apology and started running after the kid.

❷ 사건의 발생

I felt very offended for being falsely accused of theft but I just told myself that he was doing his job and he was not to be blamed. So I decided to let it go.

❸ 본인의 느낌

Level Up! 한국인의 말하기 취약점 분석

 다양한 주어 사용 (동명사 주어, to부정사 주어, 관계대명사 활용 주어, 일반주어)

문장에서 가장먼저 나오는 주어를 공략할 것! 다양한 형태의 복잡한 주어 사용, 일반 주어 사용이 point!

- ☑ 동명사 주어/to부정사 주어: 단수 취급
- ☑ 관계대명사절을 활용한 주어수식으로 복잡한 주어 사용

Example

Meeting a new family member is always memorable.

새로운 가족 구성원을 만나는 것은 항상 기억에 남는다.

Washing your hands well is good for your health.

손을 잘 씻는 것은 건강에 좋다.

The last time (that) I went hiking was during the trip I took to Jeju with a friend.

마지막으로 등산을 갔던 것은 친구와 제주도로 갔던 지난 휴가 때였다.

The last time (that) I got a parking ticket was 4 years ago.

마지막으로 주차위반딱지를 받은 것은 4년전 이었다.

You have to eat regularly to stay healthy.

건강하기 위해 규칙적으로 먹어야 한다.

They have wi-fi at most coffee shops these days.

요즘 대부분의 커피숍에는 와이파이가 있다.

Power Up! Self-training

I would like to know about typical grocery stores in your country. Where can you find grocery shops? What do they look like? Is there anything special about grocery stores in your country?

Make your own answer

☑ Background Survey

Pub or Bar/Museum에 관련된 설문항목에는 어떤 것들이 있는지 알아보아요.

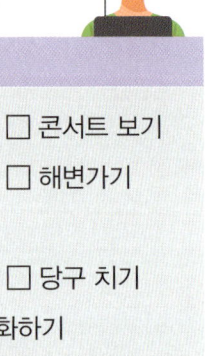

No. 4 귀하는 여가 활동으로 주로 무엇을 하십니까? (두 개 이상 선택)

☐ 영화보기 ☐ 클럽/나이트클럽 가기 ☐ 공연보기 ☐ 콘서트 보기
☐ 박물관 가기 ☐ 공원가기 ☐ 캠핑하기 ☐ 해변가기
☐ 스포츠 관람 ☐ 주거개선 ☐ 술집/바에 가기
☐ 카페/커피전문점 가기 ☐ 게임하기(비디오, 카드, 보드, 휴대폰 등) ☐ 당구 치기
☐ 체스하기 ☐ SNS에 글 올리기 ☐ 친구들과 문자대화하기
☐ 시험대비 과정 수강하기 ☐ TV 보기 ☐ 리얼리티쇼 시청하기
☐ 뉴스를 보거나 듣기 ☐ 요리 관련 프로그램 시청하기 ☐ 쇼핑하기
☐ 차로 드라이브하기 ☐ 스파/마사지샵 가기 ☐ 구직활동하기 ☐ 자원봉사

☑ 출제경향 파악하기

어떤 유형의 문제들이 출제되는지 알아보아요.

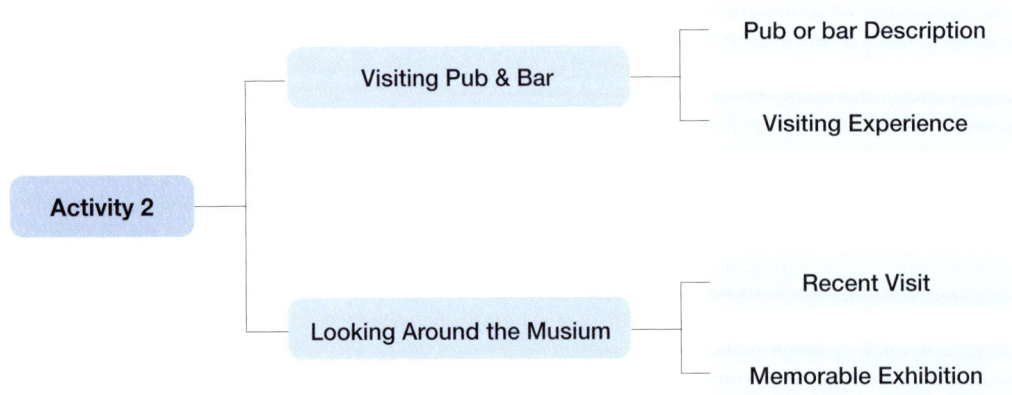

문제 미리보기

1. Pub or Bar

Basic Question – Description

Q You indicated that you usually go to a pup or bar. What does it look like? Describe the place in detail.

해석 당신은 설문에서 술집에 종종 간다고 응답했습니다. 그 술집은 어떻게 생겼나요? 자세하게 설명해주세요.

Broader Question – Narration

Q Tell me about a last visit you made to a pub or bar. When and where was it? Who were you with? What did the place look like? Tell me about the experience in detail.

해석 마지막으로 갔던 술집에 대해 말해주세요. 언제였나요? 그리고 어디였나요? 누구와 함께 갔었나요? 술집이 어떻게 생겼었나요? 경험에 대해 자세히 말해주세요.

 ### 2. Museum

Basic Question – Narration

Q Tell me about the museum that you've recently visited. Why did you go and how did you like?

해석 당신이 최근에 방문했던 박물관에 대해 말해 주세요. 왜 갔었고 어땠나요?

Broader Question – Narration

Q Please tell me about a memorable exhibition you have been to. What kind of exhibition was it? What was so unique about this? How did people react to the exhibit? Tell me about the experience in detail.

해석 당신이 가본 기억에 남는 전시회에 대해 말해주세요. 어떤 전시회였나요? 어떤점이 그렇게 특이했나요? 사람들의 반응은 어땠나요? 경험을 상세히 말해주세요.

Point Up! | 1. Pub or Bar

Q1 Tell me about a last visit you made to a pub or bar. When and where was it? Who were you with? What did the place look like? Tell me about the experience in detail.

⟶ AL 등급공략!

술집에서 있었던 경험을 묻는 문제입니다. 언제, 어디서 그리고 누구와 갔었는 지에 대한 대답뿐만 아니라 어떤 점이 기억에 남았고 그 이유도 함께 설명하는 것도 잊지 마세요. 갔었던 술집의 특징들도 상세하게 묘사해 볼 수 있습니다.

CORE EXPRESSIONS

· **throw a party**: 파티를 열다
  Ex. My best friend's birthday is next week I'd like to **throw** him **a** surprise birthday **party**.

· **ridiculously**: 터무니없이, 말도 안되게
  Ex. I don't like going to that restaurant because their dishes are **ridiculously** small portions and they are very expensive.

· **chip in**: (돈을) 조금씩 내다
  Ex. He doesn't like to go to dinner with some of his friends because they refuse to **chip in** and help pay the bill so he ends up paying for the meal all by himself.

· **spot-on**: 정확한, 딱 맞는
  Ex. My teacher is always **spot-on** in class when he gives examples to help us understand difficult concepts.

· **in style**: 멋지게
  Ex. Whenever he flies to another country he buys a first class ticket because he likes to travel **in style**.

Model Answer

One of my friends was leaving to Germany for work and we had a huge goodbye party for him last weekend. We wanted to throw a big farewell party so I did some research and found a great looking place in Itaweon called Trust. It was relatively new but has been receiving great reviews. I checked out the place online and it's a 2 story building with very antique exterior.

❶ 술집에 가게 된 계기

When you walk in, you can see mirrors on every wall with a very high ceiling and beautiful chandeliers hanging down. It has a huge bar right in the middle with all sorts of liquor.

❷ 술집 묘사

My friends and I decided to throw a party here because they also offered private rooms. It was ridiculously expensive but we did not know when we'll be able to see our friend again so we all chipped in and got us a private room.

❸ 파티 장소를 선택한 이유

When we got there, we were super thrilled because it looked even better in person. We ordered all different kinds of cocktails and my favorite one was called Moscow Mule. It was the best drink I've ever had! We also ordered a few dishes of food and they were all spot-on.

❹ 술집에서 먹은 음식, 술 묘사

Even though it was a good bye party, we all had an amazing time and it felt like we got to say goodbye in style.

❺ 마무리

Point Up! 2. Museum

Q2 Please tell me about a memorable exhibition you have been to. What kind of exhibition was it? What was so unique about this? How did people react to the exhibit? Tell me about the experience in detail.

⋯ AL 등급공략!

기억에 남는 전시회가 있다면 특이했던 점을 그 이유와 함께 서술해 보세요. 일이 일어난 순차대로 묘사를 하는 것이 좋습니다. 전시회에 관련된 다양한 형용사나 부사 사용으로 가산점을 확보할 수 있습니다.

CORE EXPRESSIONS

· **as you know**: 아시다시피

Ex. As you know there are twenty-six characters in the English Alphabet but there are only twenty-four characters in the Korean Alphabet.

· **as well as**: ~에 더하여, 게다가

Ex. My father enjoys cooking Italian food **as well as** Korean food.

· **dedicate to**: ~에 바치다

Ex. I'd like to thank my beautiful wife for the last 10 years together this song is **dedicated to** her, I love you honey.

· **half way across the world**: 지구 반대편

Ex. We have been on this plane for thirteen hours I think we have flown nearly **half way across the world**.

· **unfortunately**: 안타깝게도

Ex. Unfortunately I've already answered that question.

· **well-known**: 잘 알려진

Ex. Korea is **well-known** for spicy food like Kimchi.

I've been to many different museums and seen quite a few exhibitions but the most memorable exhibition I have been to was at the British Museum in London. As you all know, the British Museum has a vast collection of world art and artefacts so my family and I planned to spend a whole day at the museum.

❶ 박물관에 가게된 계기

I got to see real mummies from Egypt as well as coins and medals from the Italian Renaissance. But the most amazing exhibition was the Korean exhibition.

❷ 박물관에서 본 것들

My family and I weren't even aware that it was showcased at the museum. We were walking around and turned a corner and there it was! It wasn't big but still was great to see one little corner dedicated to my country half way across the world! I remember a young kid saying how much she loved the colors of the old traditional gowns worn by kings and queens that were on display. You could also learn about our liberation from Japan and how much we have achieved in such a short time. It was one of those proud to be Korean moments. Unfortunately I heard that they decided to pull it down after a few years because it wasn't so popular among visitors.

❸ 박물관이 기억에 남는 이유

But as Korea is becoming more well known around the world, I hope they will consider bringing it back.

❹ 본인의 생각, 마무리

🖱 합성어 사용 (합성 형용사, 합성어 명사)

두 단어가 합쳐져서 또 다른 단어를 이루는 합성 형용사와 합성 명사의 사용은 무조건 가산점!

☑ 합성어를 만들때 주의할 점.

- 부사 + 형용사, 명사 + 형용사. 형용사 + 명사 형태의 경우, 단어와 단어 사이에 '–'를 첨가
- 명사 + 명사 형태의 합성 명사는 '–'를 사용하지 않음.

Example

well-known 잘 알려진

well-practiced 잘 실행되는

well-organized 잘 정리된

eco-friendly 친환경의

mobile-friendly 모바일에 적합한

two-story 2층의

three-bedroom 방 3개의

high-rise 고층의

after-party 뒷풀이

all-in-one device 통합장치

real-time 실시간

concert venue 콘서트 장

staff dinner 직원 회식

Power Up! Self-training

In you background survey, you indicated that you like going to museums. When do you usually go to museums? What do you do before or after visiting the museums? Do you like to go alone or with someone? What do you do while you are there?

Make your own answer

Chapter 8

Activity 3-Reality Show/Café

☑ Background Survey

Reality Show/Café에 관련된 설문항목에는 어떤 것들이 있는지 알아보아요.

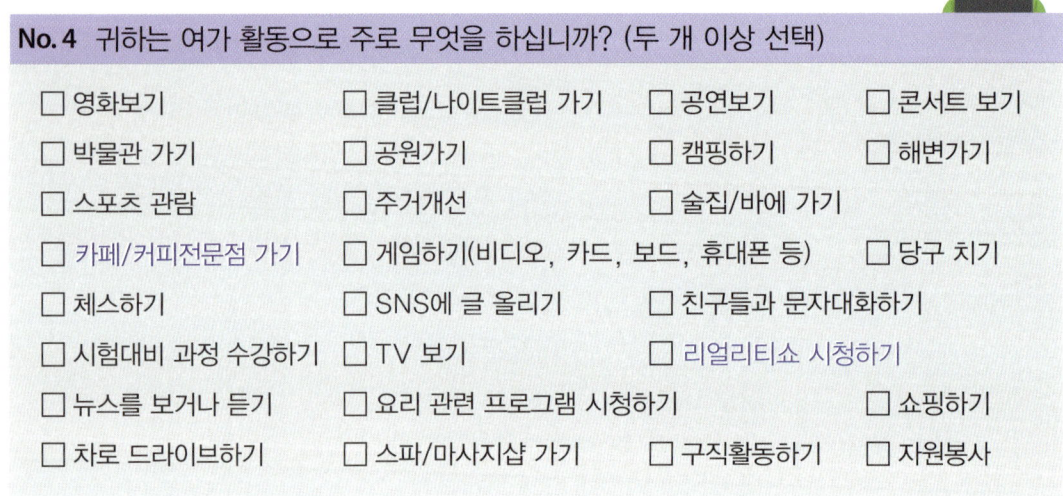

No. 4 귀하는 여가 활동으로 주로 무엇을 하십니까? (두 개 이상 선택)			
☐ 영화보기	☐ 클럽/나이트클럽 가기	☐ 공연보기	☐ 콘서트 보기
☐ 박물관 가기	☐ 공원가기	☐ 캠핑하기	☐ 해변가기
☐ 스포츠 관람	☐ 주거개선	☐ 술집/바에 가기	
☐ 카페/커피전문점 가기	☐ 게임하기(비디오, 카드, 보드, 휴대폰 등)		☐ 당구 치기
☐ 체스하기	☐ SNS에 글 올리기	☐ 친구들과 문자대화하기	
☐ 시험대비 과정 수강하기	☐ TV 보기	☐ 리얼리티쇼 시청하기	
☐ 뉴스를 보거나 듣기	☐ 요리 관련 프로그램 시청하기		☐ 쇼핑하기
☐ 차로 드라이브하기	☐ 스파/마사지샵 가기	☐ 구직활동하기	☐ 자원봉사

☑ 출제경향 파악하기

어떤 유형의 문제들이 출제되는지 알아보아요.

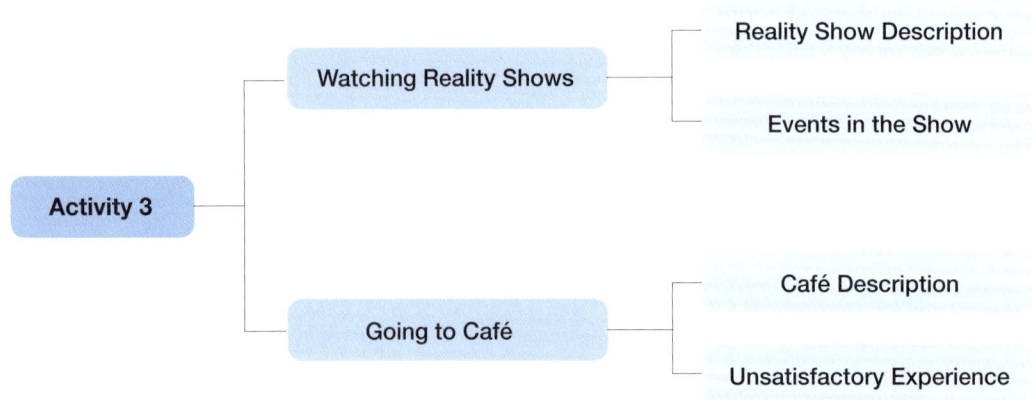

문제 미리보기

1. Reality Show

Basic Question – Description

Q You indicated that you like to watch reality shows. Describe a reality show which is broadcast these days.

해석 리얼리티쇼를 보는 것을 좋아한다고 했습니다. 지금 방송하는 리얼리티쇼에 대해 말해주세요.

Broader Question – Narration

Q I would like to know about your favorite reality show. What kind of show is it? What events happen in the show? What do you like about this show? Tell me in detail.

해석 당신이 좋아하는 리얼리티쇼에 대해 알고 싶습니다. 어떤 종류의 프로인가요? 어떤 일이 일어나나요? 당신이 좋아하는 부분이 무엇인가요? 자세히 말해보세요.

2. Café

Basic Question – Narration

Q You indicated that you go to cafes or coffee shops. Describe what cafes or coffee shops look like in your country in general.

해석 커피숍에 가는 것을 좋아한다고 했습니다. 당신의 나라에 일반적인 커피숍이 어떻게 생겼는지 설명해 주세요.

Broader Question – Narration

Q Tell me about an unsatisfactory experience you have had at a coffee shop. When and where was it? Who were you with? What were you not happy with? Tell about the experience in detail and explain why it was unsatisfactory.

해석 커피숍에서 있었던 만족스럽지 못한 경험에 대해 말해주세요. 언제 어디였나요? 누구와 함께 있었나요? 왜 기분이 좋지 않았나요? 경험을 상세하게 말하고 왜 만족스럽지 못했는지 이유를 설명해주세요.

Point Up! 1. Reality Show

Q1 I would like to know about your favorite reality show. What kind of show is it? What events happen in the show? What do you like about this show? Tell me in detail.

⋯ AL 등급공략!

자신의 가장 좋아하는 리얼리티쇼가 어떤 내용을 주로 다루고 있는지를 바탕으로 구체적인 묘사를 합니다. 뿐 만 아니라 리얼리티쇼를 보고 나서의 본인만의 느낌/의견에 대한 뒷받침도 좋습니다. 프로그램을 잘 형용할 수 있는 여러 가지 어휘, 관용표현들을 적절하게 섞어 쓰는 것이 좋습니다.

CORE EXPRESSIONS

· **relieve stress**: 스트레스를 해소하다

Ex. People **relieve their stress** in different ways, for example, I like to go swimming.

· **not only A but also B**: A뿐만 아니라 B도

Ex. It's important to get a good education **not only** for the knowledge **but also** for good job opportunities

· **also known as**: 또한 ~로 알려진

Ex. Kim Sejong was the fourth king of the Joseon dynasty, he is **also known as** the father of the Korean Alphabet.

· **cope**: 대처하다, 대항하다

Ex. It's difficult for many people to **cope** with the loss of a loved one.

· **come out of the closet**: (감추고 있던 것을) 밝히다, 인정하다

Ex. It's pretty popular these days for people to **come out of the closet** through social media.

· **glimpse**: 짧은 경험, 언뜻 봄

Ex. I like to watch reality shows because it gives me a **glimpse** of what reality is like.

One of my favorite things to do to relieve stress is watching TV. I enjoy watching TV not only because it's fun but it's also the best way to unwind after a long day.

❶ TV를 보는 이유

The reality show I'm into these days is called 'I am Cait' and it's about a former male athlete named Bruce becoming a Hollywood celebrity called Caitlyn. Bruce was a national hero for winning the gold medal at the Olympics. He was also known as Kim Kardashian's father. Now he is a 'she'. She came out of the closet in front of the whole world and the show is about how she is coping as a woman.

❷ 리얼리티쇼 설명

I like watching this show mostly because it's full of Hollywood drama but also it talks about the dark side of society that was not mentioned on TV before. I like the fact that Bruce now Caitlyn is shining some light on transgenders who have always been ignored and disrespected by the whole world. Caitlyn is lucky enough to have all the money she needs for her transition and support from her family, and fans. But not all transgenders are that lucky. The show mainly focuses on the glamourous life of Caitlyn but also shows glimpse of life of other not so lucky transgenders and that's what I like about this show.

❸ 프로그램을 좋아하는 이유

Point Up! 2. Café °

Q2 Tell me about an unsatisfactory experience you have had at a coffee shop. When and where was it? Who were you with? What were you not happy with? Tell about the experience in detail and explain why it was unsatisfactory.

⋯▸ AL 등급공략!

과거에 있었던 일들을 기술할 수 있는 능력을 평가하는 문항에서는 시제의 사용이 가장 중요합니다. 과거시제의 정확한 활용 뿐만 아니라 시간의 흐름에 따라 스토리 텔링식의 구성이 좋습니다. 이 경험이 기억에 남고 중요하다고 여겨지는 타당한 이유도 함께 제시해보세요.

CORE EXPRESSIONS

· **cranky** : 짜증을 내는

  Ex. My boyfriend is really **cranky** when he hasn't had enough to eat.

· **spot** : 찾다, 발견하다

  Ex. My mother was really tired from driving fortunately we **spotted** a rest stop where we could take a nap and get something to eat.

· **in a rush** : 아주 바쁘게

  Ex. I'm often **in** too much of **a rush** in the morning to eat breakfast.

· **take a sip** : 한 모금 마시다

  Ex. Here, **take a sip** of this coffee and tell me if you think it's too bitter.

· **to make things worse** : 설상가상으로

  Ex. I spilt my hot coffee and **to make things worse** I spilt it all over my new dress.

One day, I was driving into Seoul very early in the morning. I am not a morning person at all but I had a very important appointment to attend that morning so I woke up earlier than usual in that morning and got ready. I drink at least 2 cups of coffee before leaving home but that morning, I did not even have enough time to get ready so I had to skip coffee. But I was feeling so cranky on the way and decided to get a cup of coffee to make me feel better.

❶ 사건의 발단

I looked around for a coffee shop while driving and spotted one called Cafe Bonnie. It's a huge chain but I never tried their coffee before. I wanted Starburst but I was in a rush so I just got coffee from Cafe Bonnie. I took one sip and immediately wanted to throw it away. It was the worst coffee ever. To make things worse, as soon I as walked out of Cafe Bonnie, I saw a Starburst only 2 doors down the road! I usually don't leave food or drinks behind but there was no way I was going to take another sip of that horrible coffee. I threw it out right away and went to Starburst and ordered a coffee.

❷ 문제점 발생 및 해결

Since then, I've never been back to Cafe Bonnie again.

❸ 결과

복수형 명사의 정확한 사용 (일반적인 이야기)

- ☑ 일반적인 서술은 반드시 복수형 명사 사용!
- ☑ 복수형 명사의 올바른 사용과 동사와의 수일치는 기본!!

Example

Korean movies are a lot better in quality than in the past.

한국영화는 과거보다 질적인 면에서 훨씬 더 좋아졌다.

Phones today can do a lot more than just **make calls**.

오늘날 휴대전화로 음성통화 보다 훨씬 더 많은 것을 할 수 있다.

Dogs are really friendly **animals** that have been tamed by **human beings**.

개는 인간에 의해 길들여진 매우 친근한 동물이다.

Cars are one of the most convenient transportations.

자동차는 가장 편리한 교통수단 중에 하나이다.

Leaders should have much broader perspectives for the future.

리더는 미래에 대한 훨씬 더 넓은 시야를 가져야만 한다.

Power Up!

Self-training

There's a problem that I'd like you to resolve. You're expecting a parcel and it's been just delivered. But due to a mistake, it's been delivered to a cafe. Call the cafe, explain what happened and suggest 2 or 3 solutions to the problem.

Make your own answer

Chapter 9

Random 1 - Lost/Holiday

☑ Background Survey

Random으로 출제되는 주제에는 어떤 것들이 있는지 알아보아요.

Random.				
☐ 약속	☐ 지역사회 이벤트	☐ 지역/지리	☐ 여가시간	
☐ 건강	☐ 휴가	☐ 재활용	☐ 식당	☐ 기술
☐ 인터넷 서핑	☐ 교통수단	☐ 날씨	☐ 국가/이웃	
☐ 전화통화	☐ 의복	☐ 가족 방문		

☑ 출제경향 파악하기

어떤 유형의 문제들이 출제되는지 알아보아요.

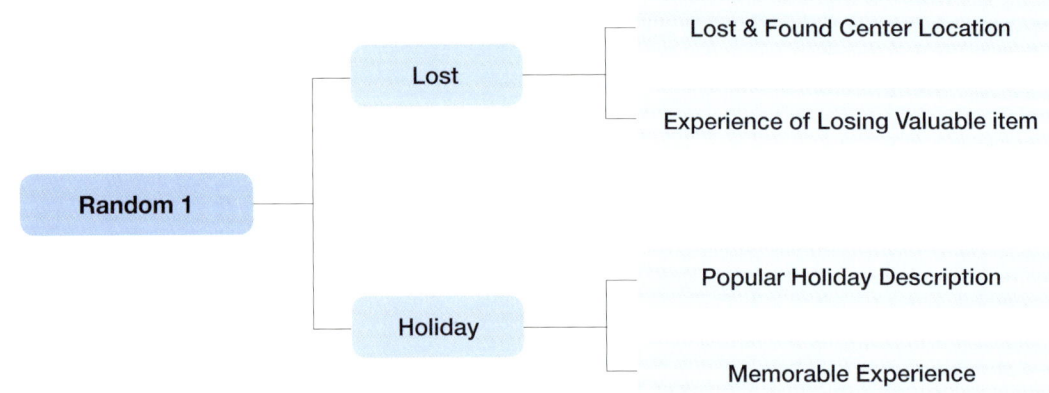

- Random 1
  - Lost
    - Lost & Found Center Location
    - Experience of Losing Valuable item
  - Holiday
    - Popular Holiday Description
    - Memorable Experience

문제 미리보기

1. Lost

Basic Question – Description

Q Please tell me about the lost and found center in your country. Where are they usually located?

해석 당신 나라의 분실물 보관소에 대해 말해주세요. 주로 어디에 위치해있나요?

Broader Question – Narration

Q Do you have an experience of losing something important or valuable to you? When and where was it? What did you lose? How did it happen? Why was this item valuable to you? Were you able to get it back? Tell me all the details of this experience.

해석 중요하거나 귀중한 것을 잃어버렸던 경험이 있나요? 언제 어디였나요? 무엇을 잃어버렸나요? 어떻게 그 일이 일어났나요? 왜 그 물건이 귀중했나요? 찾을 수 있었나요? 이 경험에 대해 상세하게 말해주세요.

2. Holiday

Basic Question – Narration

Q I would like to know about a popular holiday that is celebrated in your country. When is it? Where do people celebrate this holiday? What do people use for this celebration?

해석 당신 나라에서 기념하는 휴일에 대해 알고 싶습니다. 언제인가요? 사람들은 휴일을 어디에서 축하하나요? 기념하기 위해 사람들은 무엇을 사용하나요?

Broader Question – Narration

Q Tell me about a memorable holiday experience you had recently. When was it? What exactly happened on this holiday? What made it so memorable? Provide as many details as you can.

해석 최근에 있었던 기억에 남는 휴일 경험에 대해 말해주세요. 언제였나요? 그 휴일에 무슨 일이 정확하게 있었나요? 왜 그렇게 기억에 남나요? 최대한 자세히 말해주세요.

Point Up!　1. Lost

Q1 Do you have an experience of losing something important or valuable to you? When and where was it? What did you lose? How did it happen? Why was this item to valuable to you? Were you able to get it back? Tell me all the details of this experience.

⋯▶ AL 등급공략!

물건을 분실했던 계기, 찾기 위한 과정, 결과 순으로 묘사 할 수 있습니다. 특별하게 가치 있는 것이었다면 어떤 물건이었는지 왜 중요한 물건인지에 대한 이유도 함께 제시해 보세요.

CORE EXPRESSIONS

· **notorious**: 악명 높은

　Ex. Rachael's father is **notorious** for leaving small tips at restaurants.

· **pickpocket**: 소매치기

　Ex. Be careful when you visit some countries because there are often **pickpockets** who prey on unsuspecting tourists.

· **to my surprise**: 놀랍게도

　Ex. I met with my boss about a work project and **to my surprise** she told me I am going to be promoted.

· **in shock**: 충격에 빠진

　Ex. Our whole family is **in shock** at the sudden death of a close family friend.

· **bummed**: 낙심한

　Ex. I was **bummed** out to learn that tickets were sold out to the Maroon 5 concert.

· **too ~ to ~**: 너무 ~해서 ~하다

　Ex. My sister said it was **too** unreasonable **to** expect her to watch her three children and my four children for the afternoon.

Model Answer

I am very careful with my belongings so I usually don't lose things but I once got my sunglasses stolen.

❶ 문제점

I was backpacking in Europe with 2 of my friends and we were traveling through Italy. Italy is a gorgeous country but it is unfortunately notorious for pickpockets and we were very much aware of that. We stayed at a hostel in downtown Rome and even the owner of the hostel warned us about pickpockets. So we had all our valuables including passports, cash and insurance papers locked up in a safe at the hostel and only carried credit cards and a little bit of cash with us.

❷ 당시 여행하면서 주의했던 점

We went to eat at a local diner and I had to use the bathroom. While I was washing my hands, I noticed that I left my sunglasses in the stall. I went back into the stall and to my surprise, my sunglasses were not there! I was in shock! Then I remembered a young lady waiting when I came out but she was already long gone and so were my sunglasses. I was so bummed because those sunglasses were brand-new! I had just bought them at duty-free before leaving Korea!

❸ 사건 발생

It was too sunny to walk around without sunglasses so I decided to buy a cheap pair to last me for the rest of the trip.

❹ 결과

Point Up! 2. Holiday

Q2 Tell me about a memorable holiday experience you had recently. When was it? What exactly happened on this holiday? What made it so memorable? Provide as many details as you can.

⋯▶ AL 등급공략!

최근 휴일 경험에 관한 문제입니다. 가족들과 혹은 친구들과 보냈던 기억에 남는 휴일을 본인만의 경험으로 시간의 순서에 맞게 서술합니다. 꼭 최근에 있었던 일이 아니더라도 기억에 남을만한 에피소드를 준비하는 것이 내용을 풍부하게 구성하는데 더 좋습니다.

CORE EXPRESSIONS

· **host**: 주최하다, 열다

Ex. That was the worst office party ever, I hope she doesn't **host** is again next year.

· **interested in**: ~에 관심 있는

Ex. I'm not **interested in** seeing horror movies.

· **hold a party**: 파티를 열다

Ex. I think we should **hold a party** for Mr. Lee, he is leaving soon and he has been a good boss.

· **firsthand**: 직접

Ex. Did someone tell you that she was quitting or did you learn that **firsthand**?

We just celebrated Korean Thanksgiving about 2 weeks ago but I'd like to talk about American Thanksgiving I celebrated last year. I was attending an English academy at that time and one day, I saw a poster on the wall about Thanksgiving dinner they were hosting for their students. I had always been interested in American family holidays such as Thanksgiving and Christmas and when I heard that the instructors from America were going to set up the dinner, I decided to check it out.

❶ 미국 공휴일을 보내게 된 이유

The day came around and instead of class, they held a huge party at the academy. On the menu were mashed potatoes, green beans, corn bread, stuffing, mac and cheese, salad and the highlight of the night, turkey. I'd never seen anything like it before. It was the biggest roasted bird ever! There were at least 20 of us and the turkey was so big that it easily fed all of us!

❷ 파티 때 먹은 음식

When we were all happy and full, we sat around with wine and listened to the teachers talk about how their families celebrate Thanksgiving.

❸ 즐거운 시간을 보냄

This was a very memorable experience for me because it was my first time trying turkey and something very American firsthand.

❹ 마무리

Level Up! 한국인의 말하기 취약점 분석

 관용 문구의 사용

세련된 구어체 표현인 관용 문구를 자주 사용 할 것!

☑ 관계대명사 what을 사용한 문구 ex) what you want (네가 원하는 것)

☑ make a/an + 명사구문 ex) make a difference, make an appointment

☑ on the ~ ex) on the move, on the spot

Example

People say you are what you eat.

사람들은 소위 먹는 것이 건강에 직결된다고 말한다.

We are what we say and we are how we act.

우리의 말과 행동은 바로 우리의 인격이다.

Having a phone today makes a world of difference.

오늘날 휴대전화를 갖는다는 것은 어마어마한 차이를 만든다.

His music video went viral.

그의 뮤직비디오는 입소문으로 퍼져나갔다.

It was worth the money.

돈의 가치가 있었다.

I can get access to the internet on the move.

이동 중에 인터넷 접속을 할 수 있다.

Some people drink coffee on the spot, while others get coffee to go.

몇몇의 사람들은 커피를 그 자리에서 마시고 반면에 다른 몇몇은 커피를 테이크 아웃 한다.

Power Up! Self-training

I would like to know about a popular holiday that is celebrated in your country. When is it? Where do people celebrate this holiday? What do people use for this celebration?

Make your own answer

Chapter 10

Random 2-
Technology/Weather

☑ Background Survey

Random으로 출제되는 주제에는 어떤 것들이 있는지 알아보아요.

Random.				
☐ 약속	☐ 지역사회 이벤트	☐ 지역/지리	☐ 여가시간	
☐ 건강	☐ 휴가	☐ 재활용	☐ 식당	☐ 기술
☐ 인터넷 서핑	☐ 교통수단	☐ 날씨	☐ 국가/이웃	
☐ 전화통화	☐ 의복	☐ 가족 방문		

☑ 출제경향 파악하기

어떤 유형의 문제들이 출제되는지 알아보아요.

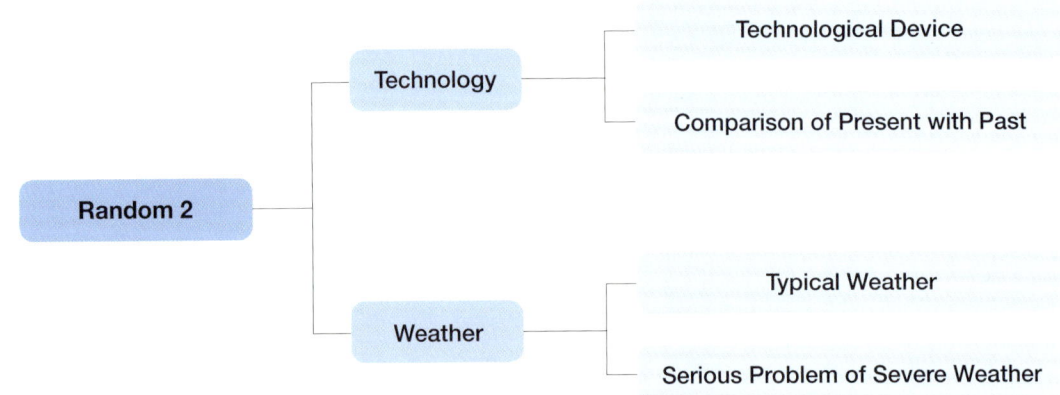

문제 미리보기

1. Technology

Q What kind of technology do you mostly use these days? It can be a mobile phone or a laptop computer. What do you usually do using it?

해석 당신은 요즘에 어떤 기술을 가장 많이 사용하나요? 휴대전화일 수도 있고 노트북일 수도 있습니다. 그 기술을 사용해서 주로 무엇을 하나요?

Broader Question – Narration

Q What kind of technology do you use the most? What was the technology you used the most in the past? Have they changed since you first started using this technology? How have they changed? Please compare the technology of today to the technology of the past.

해석 어떤 기술을 가장 많이 사용하나요? 과거에는 어떤 기술을 가장 많이 사용했나요? 그 기술을 처음 사용한 이후로 변했나요? 어떻게 변해왔나요? 기술의 현재와 과거를 비교해 보세요.

2. Weather

Q What is the typical weather like in your country? Does it have different seasons? Tell me everything about the weather in your country.

해석 당신 나라의 일반적인 날씨는 어떠한가요? 다른 계절이 있나요? 당신 나라의 날씨에 대해 모두 이야기 해주세요.

Broader Question – Narration

Q Have you ever had a serious problem because of severe weather? When was it? What was the weather like? What happened? Tell me about the problem you had in detail.

해석 극심한 날씨 때문에 문제가 있었던 경험이 있나요? 언제였나요? 날씨가 어땠나요? 무슨 일이 있었나요? 문제점에 대해 구체적으로 말해주세요.

Point Up! 1. Technology

Q1 What kind of technology do you use the most? What was the technology you used the most in the past? Have they changed since you first started using this technology? How have they changed? Please compare the technology of today to the technology of the past.

⋯→ AL 등급공략!

과거의 기술과 현재의 기술을 비교하며 정확한 시제를 사용하고 혼용하는 것이 중요합니다. 가장 자주 사용하는 기술에 대한 언급, 본인의 경험을 근거로 활용하여 그 이유도 함께 제시합니다. 비교 또는 대조할 때 비교급/최상급을 사용하고 비교급 강조도 빈번하게 사용하는 것이 중요합니다.

CORE EXPRESSIONS

- **without a doubt**: 의심할 여지없이, 틀림없이.

  Ex. My mother is the best cook I know **without a doubt** she cooks the best Mexican food.

- **depend on**: 의존하다

  Ex. Most children **depend on** their parents for financial support until they have graduated from college.

- **automatically**: 자동적으로

  Ex. I love this new app, this new app **automatically** updates my phone with the correct date and time when I travel.

- **fanatic**: 광적인 사람

  Ex. Soccer **fanatics** are some of the most dedicated fans in the world.

- **it feels like**: ~인것 같다

  Ex. Wow it's cold, **it feels like** it's five degrees but it's really fifteen degrees.

Without a doubt, I use my smartphone the most among any other kinds of technology. My smartphone is my wake-up alarm in the morning, subway timetable, coffee shop membership card and mp3 player. There are so many things I do on my smartphone that I now realize how much I depend on it for everything. Just thinking about losing it gives me a major headache.

❶ 내가 가장 자주 사용하는 기술

Before smartphones, we had cell-phones. When cell phones first came out, it had a small black and white screen with a huge key pad and it also had an antenna. You could only call and text but that seemed to be .

❷ 과거의 휴대전화

Now, you name a device or function that you need, I guarantee that your smartphone already has it. The most amazing technology I learned about smartphone lately is that the camera on the phone will automatically photoshop the image as you're taking the picture! It will give you bigger eyes, fair skin tone and better lighting even before you take a picture. For workout fanatics, there are smartphone apps that will check your heart rate, blood pressure or how far you have run today.

❸ 스마트 폰의 기능 및 장점

Sometimes, it feels like my smartphone is smarter and more useful than I am!

❹ 마무리, 본인의 생각

Point Up! ▶ 2. Weather

Q2 Have you ever had a serious problem because of severe weather? When was it? What was the weather like? What happened? Tell me about the problem you had in detail.

⋯▶ AL 등급공략!

한국의 날씨 특성을 잘 살려서 그것과 연관있는 경험을 바탕으로 이야기하듯이 답변을 준비해야 합니다. 문제가 생긴 원인을 말하고 결과는 어떻게 되었는지를 좀 더 구체적이고 상세하게 말하세요.

CORE EXPRESSIONS

· **book a room**: 방 예약하다

  Ex. It's impossible to **book a room** during the peak season.

· **go for a walk**: 산책하다

  Ex. I like to **go for a walk** in the evening after I eat dinner to get some fresh air.

· **be covered with**: ～로 덮인

  Ex. My friend really likes cherries **covered with** chocolate.

· **be supposed to**: ～하기로 되어있다

  Ex. I **was supposed to** meet my friend after work but I had work late.

· **thankfully**: 다행히도, 고맙게도

  Ex. I love going to the beach and **thankfully** Korea has many beautiful and exciting beaches.

Model Answer

When I was a freshman in college, my friends and I decided to go skiing. Luckily a friend had a membership to one of the major ski resorts in Korea so we booked a room at that resort.

❶ 스키장에
가게 된 계기

We left around 5 in the morning on Saturday to avoid traffic. When we got there, it was too early to check-in so we just left our luggage and went skiing. The weather was beautiful and the slope was gorgeous. After skiing, we checked in and took a rest. A few of us went skiing again and the rest of us went for a walk around the resort. After dinner, we all went to bed early since we had a long day. The next morning, I woke up first. I was feeling great until I opened the curtains.

❷ 스키장에
도착해서
한 일

It snowed so much during the night and everything was all white. We couldn't even see any cars in the parking lot because they were all completely covered with snow. Then, it started to snow again! It snowed so much that all the roads were closed! We were supposed to check out that afternoon but we had to stay another night since we couldn't leave the resort.

❸ 날씨 악화
문제발생 및
결과

Thankfully it was during winter vacation so we did not miss any classes the next day.

❹ 마무리

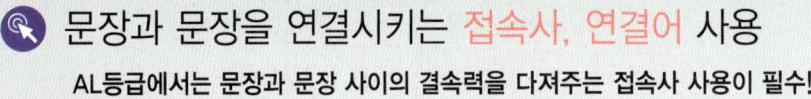
🔍 문장과 문장을 연결시키는 **접속사, 연결어** 사용

AL등급에서는 문장과 문장 사이의 결속력을 다져주는 접속사 사용이 필수!

Example

마무리 **Overall** 정리 하자면, **Once again** 다시 한번 얘기 하자면
In the end, Eventually 결국에는
So, that's how it is. So, there it is. 그 정도라고 보시면 됩니다.
Looking back 다시 돌아보니, **Since then** 그때 이후로

시점 **In the past, Back in the day** 과거에는, **When I was a kid** 어렸을 때,
In my teenage years 학창시절에, **Back then** 그 당시, **in the first place** 애당초

빈도 **as often as I can** 최대한 자주, **off and on** 종종,
once every now and then 이따금씩

강조 **In fact** 사실, **Of course** 물론, **Plus** 그리고, **Also** 또한,
Even worse 설상가상으로, **Better yet** 금상첨화로

역접 **However** 그러나, **But now, But these days** 그러나 지금은,
On the other hand 반면

부사 **Fortunately** 다행히도, **Unfortunately** 안타깝게도, **Frankly** 솔직히,
impulsively 충동적으로, **drastically** 급격하게, **systematically** 체계적으로,
accidentally 실수로, **immediately** 즉시, **basically** 근본적으로,
extremely 엄청나게 꽤, **relatively, thankfully** 다행히도, **literally** 말 그대로,
constantly 끊임없이, **rapidly** 급격하게, **ridiculously** 말도 안되게,
obviously 명백하게, **intentionally** 고의로

순서 **First and foremost** 최우선적으로, **Last but not least** 마지막으로 강조하면,
Next, And then 또한, 더불어,
After that 그리고 나서 = **-when it comes to** ~에 있어서,
as far as I'm concerned, as far as I remember 내가 기억나는 선에서는

Power Up! Self-training

Do you think that the weather has changed over the years? What was the typical weather like in your childhood? How different is it from now? Please describe the differences in detail.

Make your own answer

Chapter 11

Random 3-Internet/Appointment

☑ Background Survey

Random으로 출제되는 주제에는 어떤 것들이 있는지 알아보아요.

Random.			
☐ 약속	☐ 지역사회 이벤트	☐ 지역/지리	☐ 여가시간
☐ 건강	☐ 휴가	☐ 재활용	☐ 식당 ☐ 기술
☐ 인터넷 서핑	☐ 교통수단	☐ 날씨	☐ 국가/이웃
☐ 전화통화	☐ 의복	☐ 가족 방문	

☑ 출제경향 파악하기

어떤 유형의 문제들이 출제되는지 알아보아요.

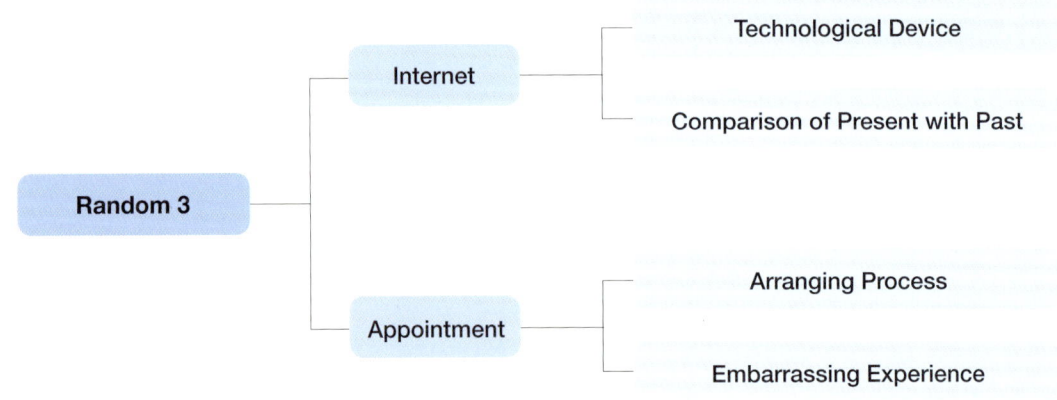

Random 3

Internet
- Technological Device
- Comparison of Present with Past

Appointment
- Arranging Process
- Embarrassing Experience

문제 미리보기

1. Internet

Basic Question – Description

Q Let's talk about one website that you frequently visit. What kind of website is it? How do you use it? Give me a detailed description of the website.

해석 당신이 자주 사용하는 웹사이트에 대해 이야기 해봅시다. 어떤 웹사이트 인가요? 어떻게 사용하나요? 웹사이트 설명을 자세히 해보세요.

Broader Question – Narration

Q How has Internet surfing changed over the years? Has it changed since you first started surfing the Internet? What are the differences and similarities between the past and the present? Please compare Internet surfing of today to the surfing of the past.

해석 인터넷 서핑이 지난 몇 년간 어떻게 바뀌었나요? 당신이 처음으로 인터넷 서핑한 이후로 바뀌었나요? 과거와 현재의 차이점과 유사점이 무엇인가요? 인터넷 서핑의 오늘날과 예전을 비교해보세요.

2. Appointment

Basic Question – Narration

Q You may have arranged a meeting with your colleagues. Describe the process you arrange the meeting. What do you do first? Please tell me the whole process in detail.

해석 직장동료들과 미팅을 준비해 보셨을 겁니다. 미팅준비 과정을 설명해보세요. 가장 먼저 무엇을 하나요? 전체 과정을 상세히 말해주세요.

Broader Question – Narration

Q Tell me about a problem you experienced that is related to appointments. Maybe you were waiting for the person in the wrong place. When was it? Who were you waiting for? What happened? How were you able to resolve the problem?

해석 약속에 관련하여 당신이 겪은 문제점에 대해 말해주세요. 잘못된 장소에서 누군가를 기다리고 있었을 수도 있고요. 언제였나요? 누구를 기다리고 있었나요? 무슨 일이 있었나요? 문제를 어떻게 해결하였나요?

Point Up! ▶ 1. Internet

Q1 How has Internet surfing changed over the years? Has it changed since you first started surfing the Internet? What are the differences and similarities between the past and the present? Please compare Internet surfing of today to the surfing of the past.

⋯▶ **AL 등급공략!**

인터넷 서핑의 과거부터 현재까지의 변화를 서술하는 문제로 변화를 말할 때 현재완료 시제를 사용합니다. 과거와 비교하여 좋아진 점 등을 비교급으로 표현하고, 과거 현재 각각의 차이점에 대한 묘사를 한 후 유사점도 함께 서술합니다.

CORE EXPRESSIONS

· **witness**: 목격하다

Ex. As a Korean I hope to one day **witness** the reunification of North and South Korea.

· **not only A but (also) B**: A뿐만 아니라 B도

Ex. I usually buy things **not only** from stores **but also** on the Internet.

· **compare to**: ～와 비교하다

Ex. She speaks much better English now **compare to** even just a year ago.

· **2-hour-long**: 2시간의

Ex. Our president is long-winded he was supposed to speak for only 15 minutes but ended up giving a **2-hour-long** speech.

Model Answer

I think the Internet has changed so much since it first came out and my generation has witnessed all of the changes from the very start.

❶ 인터넷의 변화상

When the Internet first came out, it was just a blue screen with white letters. There were no pictures or videos. All we could do was to talk to people but not just people next door, but from all over the world. We would set up a chatroom and invite people from everywhere! It may sound like nothing special now but that was an amazing feeling for everyone at the time!

❷ 과거의 인터넷 사용

Nowadays, with just a few clicks, you can do anything online such as buying things from stores not only in your neighborhood but also half way across the world and having them delivered to your doorstep.

❸ 현재의 인터넷 사용

Since it has changed so much, the only similarity I can think of when comparing Internet surfing of today to the past is communication between people.

❹ 유사점

There are of course plenty of differences but the biggest change I would say is the speed of the Internet. Now the speed has gotten so fast that a 2-hour-long movie can be downloaded before you finish your cup of coffee.

❺ 가장 큰 차이점

Point Up! · 2. Appointment

Q2 Tell me about a problem you experienced that is related to appointments. Maybe you were waiting for the person in the wrong place. When was it? Who were you waiting for? What happened? How were you able to resolve the problem?

⋯⋯ AL 등급공략!

약속이나 예약에 관련된 경험을 물어보는 문제입니다. 문제에서 예로 들고 있는, 누군가를 잘 못된 장소에서 기다려본 경험을 이야기해 볼 수도 있는데요. 언제, 어디에서 왜 그런 일이 있었는가에 대해 구체적인 서술을 하고 어떠한 결과가 있었는지 말해보세요.

CORE EXPRESSIONS

· **literally**: 말 그대로

  Ex. That is **literally** the stupidest thing I've ever hear you say!

· **take over**: 장악하다, 점령하다

  Ex. How long do you think it will be before the Chinese Renminbi **takes over** US Dollar as the dominant currency.

· **clarify**: 명확하게 하다, 분명히 말하다

  Ex. Could you please **clarify** the answer to question number four?

· **to-go**: 테이크 아웃

  Ex. It's popular these days **to** get meals to **go** even from expensive restaurants.

· **end up**: 처하게 되다

  Ex. If you don't make a sincere effort to save money you will **end up** broke.

Model Answer

These days, huge franchise coffee shops and restaurants are literally taking over downtowns. There are stores of the same franchise on every corner so when you're meeting someone at a place like that, you need to clarify exactly which one it is.

❶ 약속장소가
헷갈릴 수
있는 이유

One time I was supposed to meet a friend at a Starbucks coffee shop in Gangnam. There were already more than 3 Starbucks stores in Gangnam at the time so we made it clear that we would be meeting at the one by exit number 7 of the subway station. I don't like being late so I usually show up 10 to 15 minutes in advance. On that day, I got to the Starbucks ahead of time and ordered coffee for both of us. Then she called and said that she was just getting off the subway. I thought it was perfect timing.

❷ 관련 경험
서술

Then 10 minutes later she called again asking where I was. I told her I was at the coffee shop waiting for her with coffee for both of us. She told me that was what she was doing too! We were so confused but what we did not know was that there was another Starbucks that opened a week before and there were 2 Starbucks shops by exit 7 and we were waiting at different ones.

❸ 문제발생
원인

I asked the staff for to-go cups and went over to the other Starbucks and we ended up staying there for 3 hours since we had 2 coffees each to drink!

❹ 결과

비교구문의 활용

원급/비교급을 활용한 다양한 표현 사용이 Point!

☑ 원급비교: A as 형용사/부사 as B (A는 B만큼 ~한)

　　cf. as ~ as possible – 가능한 ~하게 (as ~ as 주어 + can)

　　배수 as ~ as ... – ... 보다 (배수) 만큼 ~ 한

☑ 비교급: A [형용사/부사 + er / more 형용사/부사] than B (A는 B보다 더 ~한)

　　cf. The 비교급 ~, the 비교급 ~: ~하면 할수록 더 ~해지다

　　비교급 and 비교급: 점점 더 ~한

Example

No city was as beautiful as the city I visited last year.

내가 작년에 다녀온 도시만큼 아름다운 도시는 없다.

Soccer is more exciting than any other sports.

축구는 다른 어떤 스포츠보다 훨씬 더 흥미롭다.

The more you learn about Korean culture, the more you will be attracted.

한국 문화를 더 배울수록 한국 문화에 더 매혹될 것이다.

The weather has become more and more severe.

날씨는 더욱더 극심해졌다.

The product you're selling is twice as expensive as one the other companies are providing.

당신이 팔고 있는 제품은 다른 회사의 제품보다 두 배가 비싸다.

Power Up! Self-training

I'm sorry but there's a problem I need you to resolve. You are supposed to meet a business partner and you are waiting for him or her. However you learned that you have been waiting at a wrong place and now you cannot meet on time. Call your business partner, explain the situation and offer 2 or 3 solutions to this problem.

Make your own answer

Chapter 12 · Random 4-Incident/Traffic

☑ Background Survey

Random으로 출제되는 주제에는 어떤 것들이 있는지 알아보아요.

Random.				
☐ 약속	☐ 지역사회 이벤트	☐ 지역/지리	☐ 여가시간	
☐ 건강	☐ 휴가	☐ 재활용	☐ 식당	☐ 기술
☐ 인터넷 서핑	☐ 교통수단	☐ 날씨	☐ 국가/이웃	
☐ 전화통화	☐ 의복	☐ 가족 방문		

☑ 출제경향 파악하기

어떤 유형의 문제들이 출제되는지 알아보아요.

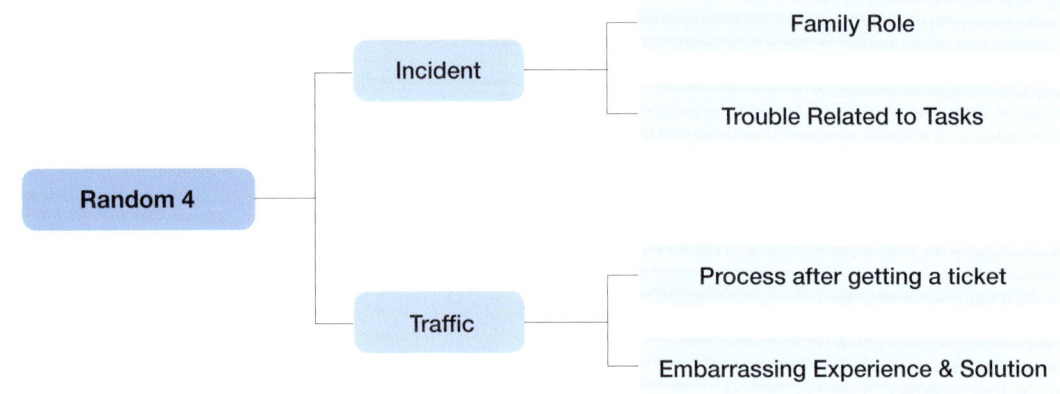

Random 4
- Incident
  - Family Role
  - Trouble Related to Tasks
- Traffic
  - Process after getting a ticket
  - Embarrassing Experience & Solution

문제 미리보기

1. Incident

Basic Question – Description

Q Do your family members have different roles at home? What is your role? Please tell me as many as details.

해석 당신의 가족들은 집에서 다른 역할을 하고 있나요? 당신의 역할은 무엇인가요? 가능한 많은 상세 내용을 말해주세요.

Broader Question – Narration

Q Did you ever get in to trouble for not fulfilling your task as a child? When did it happen? What were you supposed to do? Please tell me about what happened and how you handled it in as much detail as possible.

해석 어렸을 때 과업을 수행하지 않아서 문제가 있었던 적이 있나요? 언제 그 일이 있었나요? 무엇을 하기로 되어있었나요? 무슨일이 있었는지 어떻게 해결했는지 가능한 자세히 말해보세요.

 ## 2. Traffic

Basic Question – Narration

Q I'd like to know about traffic tickets given to people in your country. What process do you need to take after getting a traffic tickets?

해석 당신 니라의 주차위반딱지 부여하는 것에 대해 알고 싶습니다. 주차위반딱지를 받은 이후에 어떤 과정이 필요한가요?

Broader Question – Narration

Q Have you ever got a parking or traffic ticket? When was it? Where were you? What happened? How did you resolve the situation? Describe the experience in detail.

해석 주차위반딱지를 받아 본 적이 있나요? 언제였나요? 어디였나요? 무슨 일이 있었나요? 어떻게 해결했나요? 경험을 상세히 말해보세요.

Point Up! ▶ 1. Incident

Q1 Did you ever get in to trouble for not fulfilling your task as a child? When did it happen? What were you supposed to do? Please tell me about what happened and how you handled it in as much detail as possible.

⋯▶ **AL 등급공략!**

어렸을 때의 임무를 하지 못해 문제가 있었던 것에 관련된 과거 경험을 물어보는 문제입니다. 어떤 문제점이 있었는지, 기억에 남을만한 이유가 무엇인지, 해결을 어떻게 하였는지 그리고 당시의 감정을 다양한 형용사/동사 사용을 통해서 풍부하게 표현해 보세요.

CORE EXPRESSIONS

· frustrating: 불만스러운, 짜증나는

　Ex. I don't like this homework assignment it is difficult and very **frustrating**.

· fetch: 가지고 오다

　Ex. When you are out running errands would you please **fetch** some milk and butter?

· panic: 겁에 질려 어쩔 줄 모르다. 공항에 빠지다

　Ex. Hold on, don't **panic** I have a great idea for you to do.

· turn out: (일, 결과가 특정 방식으로) 되다

　Ex. She said she was moving to Seoul as it **turns out** she doesn't have to go after all.

· furious: 몹시 화가 난

　Ex. I was **furious** to learn that my payment arrived too late.

· be grounded: 외출금지 당하다

　Ex. I'm sorry, but if I don't get home before 10 p.m. I'm going to **be grounded** for a month.

I have a younger sister who is 5 years younger than me and when we were young, one of my main responsibilities was taking care of her.

❶ 어렸을 때 내 임무

When I was about 10 years old, my mother told me to go to a store and get some milk. But I was watching my favorite cartoon on TV and I asked my mom if we could go after the show was done. She said she needed it right away. Then my little sister said she wanted to come along and my mother told me to take her. She was only about 5 so she couldn't walk as fast as I wanted her to and it was so frustrating for me. So half way to the store, I told her to sit on a bench and wait for me while I fetch the milk. When I came back, my little sister was not there! I panicked and ran around screaming her name. I couldn't find her so I ran back home as fast as I could.

❷ 어렸을 때 임무를 제대로 수행 못했던 경험담

And there she was! Sitting in front of the TV watching my favorite cartoon! It turned out that on his way home, my dad saw her sitting all alone on a bench and brought her home with him. My mom was furious that I had left my younger sister alone so obviously I was grounded for 2 weeks.

❸ 결과

Point Up! 2. Traffic

Q2 Have you ever got a parking or traffic ticket? When was it? Where were you? What happened? How did you resolve the situation? Describe the experience in detail.

⋯▸ AL 등급공략!

과거에 겪은 문제점과 그 문제점을 해결했던 방안을 물어보는 오픽의 전형적인 유형입니다. 과거와 현재 시제의 정확한 혼용, 완료시제의 사용, 문장 사이의 적절한 시간연결어 사용으로 짜임새 있는 스토리를 만드는 것이 중요합니다.

CORE EXPRESSIONS

· **parking ticket**: 주차위반 딱지

Ex. I can't believe I got a **parking ticket** yesterday I was only in the store for a few minutes.

· **intentionally**: 고의로

Ex. I **intentionally** left my laptop at home I didn't want to carry it with me.

· **get a refund**: 환불 받다

Ex. If you don't have a receipt there's no way you can **get a refund**.

· **pop in**: 잠시 들리다

Ex. I don't like it when my in-laws **pop-in** for a visit unannounced.

I have been driving for about 10 years now and when I first started driving, I used to get a lot of tickets, especially parking tickets. I was not doing it intentionally. If I saw other cars parked, I thought wherever that was, it was okay to park!

❶ 과거에 주차 위반딱지를 받은 경험이 많음

The last time I got a parking ticket was about 4 years ago. I bought a book and I can't remember in detail but there was something wrong with the book and I wanted to get a refund. I drove to the store but because I was just popping in, I did not want to go into the parking lot. So I just parked on the street in front of the store. There were other cars parked there so I thought it would be okay. When I came back 5 minutes later, there was a parking ticket right there on my window. The book was $12 and the parking ticket was $50. I had to pay 50 dollars because I wanted to get a 12 dollar refund. I was so angry but I had to admit it was my fault. I paid the fine and learned from the experience.

❷ 구체적인 경험 서술

Since then, I have never parked where I am not supposed to.

❸ 경험을 통해서 깨달은 점

Level Up! 한국인의 말하기 취약점 분석

 Role Play 족보 문장 – 레벨 업을 위한 필수 표현 모음

Example

I'm calling to ask you some questions about your MP3 player.
니 MP3플레이어에 대해 물어볼 것이 있어서 전화했어.

I'm calling to inquire about staying at your hotel.
거기 호텔 숙박 관련해서 문의하려고 전화했습니다.

I'm thinking of buying a new cell phone.
새 휴대전화 하나를 사려고 생각하고 있어요.

I would like to make a reservation at your restaurant.
음식점 예약을 하고 싶습니다.

I would like to make an appointment at 5 o'clock.
5시에 예약을 하고 싶습니다.

Can you give me some directions?
가는 길 좀 알려주시겠습니까?

Do you have a catalog (that) I can see by any chance?
혹시 제가 볼 수 있는 카탈로그가 있나요?

I wonder if you have any promotions going on currently.
현재 진행중인 프로모션이 있는지도 궁금합니다.

Can you tell me what I should do?
내가 어떻게 해야 할지 말 좀 해주겠니?

Give me a call when you get this. / Call me back when you get this.
이거 확인하면 전화 줘.

Get back to me as soon as possible (ASAP).
가능한 빨리 연락주세요.

Please let me know ASAP. Thank you in advance.
가능한 빨리 연락 부탁 드립니다. 감사합니다.

Power Up! Self-training

I'd like to give you a situation and ask you to act it out. As you are returning to your car, you find a police officer writing a parking ticket. Approach the officer, explain why he or she should not write you a ticket and provide 2 or 3 solutions.

Make your own answer

Translation(해석)

1. Housing Model Answer

저는 이제 혼자 산지 몇 년 정도 되었고 지금은 경기도 분당에 있는 한 원룸에서 살고 있습니다. 8층짜리 건물이며 저는 7층에 살고 있습니다. 1층과 2층은 주로 식당. 바 또는 커피숍 같은 사업장입니다. 제 원룸은 복층입니다. 윗층의 천장이 매우 낮아서 저처럼 키가 큰 사람들은 윗 층에서 많은 활동을 할 수 없지만 그 여유공간을 수납에 잘 활용하고 있습니다. 윗층에는 침대, 서랍장 그리고 상자 몇개가 있습니다. 아랫층에 있는 거실에는 소파, 안락의자, 커피테이블, 램프 그리고 TV가 있습니다. 부엌은 굉장히 작지만 한명이서 움직이기에는 충분한 공간입니다. 저는 요리를 매우 즐기기 때문에 오븐이나 슬로우쿠커 같은 다양한 요리 도구에 투자를 했습니다. 이 원룸에서 제가 가장 좋아하는 공간은 거실입니다. 제가 스트레스 해소로 즐겨하는 활동 중에 하나가 TV 시청입니다. TV 시청시에는 편안함이 중요하기 때문에 소파와 안락의자 둘다 가지고 있습니다. 원래는 소파밖에 없었지만 언젠가 안락의자를 5천원에 판다는 이야기를 들었습니다. 안락의자가 필요하진 않았지만 5천원 밖에 안했고 거기다 발받침대까지 같이 준다는 겁니다! 그래서 구매하였고 제 선택에 매우 만족하고 있습니다.

2. House chores Model Answer

가끔 접시 한 두개를 깨곤 했지만 제가 저지른 가장 큰 사고는 화장실 청소를 하다가 변기를 막히게 한 사건입니다. 제가 한 12살 정도이었고 봄맞이 대청소를 하는 주말이었습니다. 어머니께서 저에게 언니와 함께 모든 침실을 청소하거나 혼자서 화장실 청소를 해야한다 하셨습니다. 그 전날 밤에 언니와 싸운 저는 언니랑 같이 청소하는 게 싫어서 힘든 일인 걸 알면서도 화장실 청소를 택했습니다. 그 전에 어머니를 도와서 화장실 청소를 같이 한 적은 있었지만 제가 혼자서 다 도맡아 하는 것은 그때가 처음이었습니다. 우선 바닥과 벽을 박박 닦는 것으로 시작했습니다. 그리곤 변기 청소로 넘어갔습니다. 변기 역시 박박 닦은 다음에 심지어는 마른 걸레로 물기까지 닦아냈습니다. 다 끝난 후 저는 그 마른 걸레를 변기에 넣고 물을 내렸죠! 변기가 막혀 물이 사방에 넘칠 때까지 전 제가 무슨 일을 저질렀는지 깨닫지 못했습니다. 30분동안 뚫어뻥으로 어떻게든 혼자 고쳐보려 했지만 제 힘이 충분치 않았습니다. 그래서 어머니에게 도움을 요청했습니다. 당연히 어머니는 화가 잔뜩 나셨죠! 결국에는 수리공을 불러야만 했고 그 다음날까지 저희는 그 변기를 사용하지 못했습니다.

Power Up! Self-training Model Answer

There are 5 people in my family and I have 2 sisters. My older sister and I don't live with my parents anymore but when we did, my sisters and I used to help mom with house chores. Every day we set and cleared the dinner table after meals. When there were many dishes, I used to wash them and my sisters dried and put them away. We also had to clean our bedrooms every weekend and sometimes help mom with laundry. We did not know how to operate the laundry machine so we only did the hanging, folding and putting away the laundry. Another chore we were responsible for was taking care of the garden. We lived in a house with a small garden and there was an apple tree. My father was in charge of mowing the lawn and my sisters and I took care of the apple tree and the small flower bed. In fall, when the apples were ripe, we used to go out and pick up the apples that had fallen. We ate some and mom used to make apple jam with the bruised apples. Even though it was a chore we all loved doing it because those apples were super delicious!

저희 가족에는 총 5명이 있고 저에겐 언니와 여동생이 있습니다. 저와 제 언니는 더이상 부모님과 같이 살지 않지만 예전에 같이 살았을 때에는 저와 자매들 모두 엄마를 도와 집안일을 많이 했었습니다. 매일 상을 차리고 밥을 먹고 난 후에는 상을 치웠습니다. 설거지 거리가 많을 때는 제가 설거지를 하고 언니와 여동생이 물기를 닦아 치우곤 했습니다. 주말마다 저희는 방청소를 했으며 가끔은 어머니를 도와 빨래를 하곤 했습니다. 세탁기 작동법을 몰랐기 때문에 저흰 빨래 널기, 개기 그리고 제자리에 놓기 등을 했습니다. 저희가 도맡아 하던 또다른 집안일은 바로 정원 가꾸기였습니다. 저흰 작은 정원이 딸린 주택에서 살았는데 정원에는 사과 나무가 한그루 있었습니다. 아버지는 잔디 깎기를 하셨고 저와 제 자매들은 사과 나무와 작은 꽃밭을 돌보았습니다. 가을에 사과가 다 익었을 때 우리는 밖에 나가 떨어진 사과를 줍곤 했습니다. 몇 개는 먹고 멍이 심하게 든 사과들은 어머니께서 사과잼으로 만드셨습니다. 비록 집안일이었지만 사과가 굉장히 맛있었기 때문에 저와 제 자매들 모두 이 일을 즐겼습니다.

Chapter 2 **Work/Vacation**

1. Work Model Answer

세상이 작아질수록 모든 회사들은 세계 각국의 다른 배경을 가진 다양한 소비자의 니즈에 부합하려고 많은 노력을 기하고 있습니다. 저희 회사 역시 마찬가지입니다. 요즘의 새로운 트렌드가 글로벌라이제이션이 아닌 글로컬라이제이션입니다. 글로벌라이제이션의 정의가 워낙 광범위하다보니 세계화 흐름은 따라가되 그와 동시에 각 국가별 정치, 경제, 사회, 문화에도 맞출 수 있는 글로컬라이제이션에 집중하는 추세입니다. 그러기 위해서는 회사들이 몇가지 변화를 두어야 했고 그 중 가장 큰 변화는 인력에 있다고 봅니다. 과거에는 한국 기업들이 세계로 뻗어나가고자 했을 때 우선은 한국인을 고용하여 그들의 영어교육에 투자한 후 각국으로 파견을 보냈습니다. 또한 회사들은 현지인들을 관리직보다는 주로 생산직에 고용하였습니다. 이제는 처음 시작 단계부터 특정 국가에 파견할 인력을 미리 선정하여 해외파견 되기 전에 변화에 따르기 위해 현지어를 미리 배우게끔 합니다. 또한 관리직을 맡고 있는 현지인도 쉽게 찾아볼 수 있게 되었습니다. 이것이 제 생각에는 최근 일어나는 가장 큰 변화라고 생각합니다.

2. Travel Model Answer

기억이 흐릿함에도 불구하고 지금 떠올려보면 향수를 불러일으키는 기억이 있습니다. 제가 10살 또는 11살 때쯤 가족들과 함께 파리로 여행을 갔는데 비행기 타는 것에대해 신나면서도 무서워하던 기억이 여전히 또렷합니다. 그 전 해에 제가 배멀미를 광장히 심하게 한다는 것을 알게 되었습니다. 그 때가 처음으로 비행기는 타는 것이었기 때문에 비행기 안에서 멀미를 할지 안할지가 불확실하였습니다. 하지만 운이 좋게도 멀미는 전혀 하지 않았습니다. 파리는 참으로 아름다운 곳이었습니다. 에펠탑은 믿을 수가 없을 정도였습니다. 베르사이유 궁전은 지금까지도 제가 다녀온 곳 중 최고로 아름다운 곳입니다. 거울의 방 한가운데 앉아 모든 장식에 감탄하며 눈앞에 펼쳐진 아름다운 광경에 압도당했던 제 모습이 아직도 기억납니다. 모나리자가 주로 보관되어있는 루브르는 제 기억에 꽤 실망스러웠습니다. 세상에서 제일 유명한 그림 중 하나가 제 눈 앞에서 있었지만 제 머릿속에는 온통 인상적이지 않다는 느낌 뿐이었습니다. 전반적으로 가족들과 다녀온 최고의 여행 중 하나였습니다.

Power Up! Self-training Model Answer

The last time I was on vacation, I went to Chicago, USA. My younger sister was graduating from university and I really wanted to be there for her so I asked for 2 weeks off from work. I was only granted 10 days but I was happy nonetheless. While I was planning, I was mainly concerned about the weather. I heard that it rained a lot. But while I was there, it only rained for 2 days and I enjoyed clear blue skies every day. First I went on an architecture boat tour along the Chicago River. The guide we had was very knowledgeable and thorough. In university, she majored in architecture and it was very apparent through the passion which she spoke of the city's buildings and architectural history. The views all around the city were jaw-dropping! Chicago is one of the most beautiful American cities. After graduation, my sister and I went out for dinner and drinks. Everything was so much more expensive compared to Korea but we had so much fun! I loved that nobody cared about how other people thought of you. For example, in Korea people would be somewhat judgmental if you started dancing in the middle of a bar. But in Chicago, the only thing that mattered was whether or not you were having fun. I get a bit sentimental when I look back on the fantastic time I had with my sister in Chicago

제일 최근에 휴가를 받았을 때에 저는 미국 시카고에 다녀왔습니다. 저의 여동생이 대학교를 졸업하게 되었는데 그 자리에 꼭 함께 하고 싶어서 회사에 2주 휴가를 신청하였습니다. 10일 밖에 승인받지 못했지만 그 또한 저는 만족스러웠습니다. 계획을 짜면서 주로 날씨가 많이 걱정되었습니다. 비가 많이 온다고 들었기 때문입니다. 하지만 그 곳에 있는 동안 2일만 비가 왔었고 나머지는 맑고 푸른 하늘은 매일 볼 수 있었습니다. 첫번째로 시카고 강을 따라 즐기는 건축물 보트 투어를 했습니다. 우리의 가이드는 지식이 풍부했고 철두철미하였습니다. 대학교에서 건축을 전공하였다던 그녀는 도시의 건물과 건축 역사에 대해 말을 할 때 그 열정이 느껴졌습니다. 도시의 모든 풍경은 입이 떡 벌어질 정도였습니다. 미국 도시 중 단연코 시카고는 아름다운 도시 중 하나입니다. 졸업식 후 저는 여동생과 함께 저녁도 먹고 술도 한잔 하러 나갔습니다. 한국에 비해 모든 것이 굉장히 비쌌지만 정말 재미있게 놀았습니다. 다른 사람들이 자기에 대해 어떻게 생각하는지 신경을 전혀 쓰지 않는 점이 굉장히 마음에 들었습니다. 예를 들어 한국에서는 술집에서 갑자기 춤을 추기 시작한다면 사람들이 비판적인 눈으로 쳐다볼 것입니다. 그러나 시카고에서는 내가 재미있게 놀고 있는지 아닌지 그 점만이 중요하였습니다. 시카고에서 동생과 보낸 멋진 시간을 돌아보면 감성적인 제가 되곤 합니다.

Chapter 3 Exercise

1. Hiking Model Answer

최근 친구와 함께 제주도로 여행을 갔을 때 했었던 등산이 제일 최근 등산 경험입니다. 하루는 제 친구가 등산을 제안하였습니다. 저는 등산을 즐기긴 하지만 제주도였고 전 등산보다 더 신나는 일이 있을 것 같았습니다. 하지만 제 친구는 인터넷에서 본 아름다운 숲을 꼭 봐야 한다고 강하게 제안하였습니다. 또한 길어도 한시간 밖에 안걸릴 거라 하였습니다. 그래서 점심을 먹기 전 입맛을 살리기 위해 가는 것도 좋겠다고 생각하였습니다. 저희는 등산을 하기 위해 차를 몰고 산 정상으로 갔습니다. 산줄기 꼭대기를 따라 걸으며 풍경을 즐기고 싶었기 때문에 30분 정도 걷다가 다시 돌아 차로 돌아가기로 하였습니다. 하지만 걸으면 걸을 수록 모든 것들이 낯설어보이기 시작했습니다. 한시간을 더 걸은 후에야 우린 마침내 길을 잃었다는 것을 인정하였습니다. 저희는 물 한병 없었고 와이파이가 없었기 때문에 핸드폰 역시 무용지물이었습니다. 한시간을 더 걸은 후에야 다른 등산객들을 만날 수 있었습니다. 그들은 지도를 가지고 있었고 차로 돌아가는 길을 지도에서 보여주었습니다. 다시 차로 돌아가기 위해 2시간을 더 걸었습니다. 돌아가는 길에 너무 힘들어서 울고 싶을 정도였습니다. 하지만 이제는 다른 사람들에게 말해줄 멋진 이야기가 저와 친구에게 생겼습니다!

2. Soccer Model Answer

저에겐 3명의 형제들이 있고 제일 큰형이 제가 6살 때쯤 저에게 축구하는 법을 가르쳐주었습니다. 우리는 어렸을 때 시골에 살았고 같은 동네 사는 모든 어린이들은 매일 다 같이 모여 놀았습니다. 남자아이들에게 가장 인기가 좋았던 놀이는 축구였는데 그 이유는 공 하나만 있으면 되었기 때문입니다. 저는 덩치가 작은 아이였고 달리기도 느렸습니다. 남자아이들이 다 같이 축구를 할 때 저는 주로 축구장 바깥에 앉아 경기를 지켜보곤 했습니다. 그러던 어느날 밤, 전 제 큰형에게 축구를 가르쳐달라고 하였습니다. 제가 얼마나 배우고 싶어하는지 알았기에 형은 저에게 우선 강해져야 한다고 말했습니다. 그래서 경기를 지켜보는 대신 축구장 주변을 뛰라고 말했습니다. 그리곤 전 그렇게 하였습니다. 제 형이 축구를 할 때마다 전 뛰었습니다. 천천히 전 빨라지기 시작했습니다. 하루는 제 형이 자기 축구 팀 멤버로 저를 뽑아주었습니다. 전 너무나도 신이 났습니다! 하지만 그 날 전 축구공을 따라다니는 것만으로도 벅차서 공 한번 차보지 못했습니다. 그러나 그 또한 재밌었습니다. 그날 저녁을 먹으면서 전 축구를 했던 게 너무나도 멋진 일이었다고 끊임없이 말했습니다. 그날부터 전 축구를 매일 하였고 금새 팀에 다른 친구들만큼 빠르고 잘하는 선수가 되었습니다.

Power Up! Self-training Model Answer

I am a member of a soccer club called 'Super Boost' and we are a part of a Sunday Soccer League in Gyeonggi province. We play every Sunday during the season and our home field is a university soccer field in the northern part of Gyeonggi province. Getting to the field takes about 2 hours one way on public transport. Luckily one of the members has a car and agreed to car pool with 3 of us. It still takes about an hour or more. It's quite a trip every Sunday but the field is awesome. It's artificial turf but they must have used very high quality turf because even when we fall down, we don't get scratched as much. Also they have great lighting which is crucial when you're playing an evening game which happpens often in summer because of the hot weather. The only issue we have with the new venue is that we don't have access to their locker room. So after the game, we can only get changed and have to wait until we get home to take a shower. It is therefore very smelly in the car on our way back home; the ride back is a lot less enjoyable than the ride there. Once, a friend of ours came to watch the game. On the way back, he sat in silence the whole way. When we arrived, he said "It smells like a cat died in your car."

저는 '수퍼부스트'라는 축구팀에 속해있고 저희는 경기도의 일요일 축구 리그에 속해있습니다. 저희는 축구시즌에는 매주 일요일 마다 경기가 있고 저희의 홈구장은 경기도 북부에 있는 한 대학교 축구장입니다. 그곳에 가려면 대중교통으로 편도 2시간 정도 걸립니다. 다행히도 멤버 중 한명이 차가 있어 3명이서 카풀을 하게 되었습니다. 하지만 여전히 한시간 조금 넘게 걸립니다. 일요일마다 꽤 먼 거리를 가야하지만 축구장은 정말 최고입니다. 인조잔디 축구장이지만 아마도 최고의 품질의 인조잔디를 썼는지 넘어져도 많이 긁히지 않는 편입니다. 조명 시설 역시 굉장히 좋습니다. 이는 한여름 더위를 피하기 위해 종종 저녁 경기를 할 때 굉장히 중요한 부분입니다. 유일하게 저희가 쓸 수 없는 부분은 탈의실입니다. 그래서 경기가 끝난 후 옷만 간단히 갈아입고 샤워는 집에 도착할 때까지 기다려야 합니다. 그러다보니 집에 가는 차 안의 냄새는 지독하고 돌아가는 길이 즐겁지만은 않습니다. 한번은 친구 한 명이 경기를 보러 왔습니다. 돌아가는 길 내내 친구는 말한마디 하지 않았습니다. 도착했을 때서야 "마치 차 안에 죽은 고양이가 있는 것처럼 냄새가 아주 지독해!" 라고 한마디 했습니다.

Chapter 4 Hobby/Interest 1

1. Reading Children books Model Answer

안녕하세요. 제 이름은 브라이언 최이고 한시간 정도 전에 와서 오늘 밤 아이들에게 읽어줄 책 3권을 빌려갔습니다. 하지만 제 딸들엑게 책을 보여줬을 때 한명이 이 중 한권을 이미 읽었다고 하더군요. 아이들 아시잖아요. 자기 언니랑 같이 한번 더 읽는 것은 싫다고 하네요. 제 딸들이 잠들기 전에 읽는 책에 대해선 아주 고집이 센 편입니다. 잠자리에 들 때 책 3권이 준비가 되어있지 않으면 모두 울기 시작해서 절대 멈추지 않을 거에요. 그래서 말인데 혹시 이 한권만 다른 책으로 바꿔갈 수 있을지 궁금합니다. 만약 안된다면 한권만 가져가서 30분 후에 바로 돌려드리는 건 어떨까요? 그 동안 제 신분증을 가지고 계세요. 제 상황을 이해해서 저를 어떻게든 도와주셨으면 합니다.

2.Music Model Answer

저는 힙합음악을 많이 좋아하진 않지만 에미넴은 예외입니다. 저는 그가 뛰어난 아티스트이며 그의 음악은 멋지다고 생각합니다. 몇년 전 그는 투어로 한국에 왔습니다. 그 소식은 들은 그날 전 남자친구한테 가고 싶은지 물어보지도 않고 표를 2장을 샀습니다. 물론 남자친구 역시 팬이기 때문에 가고 싶어했습니다. 그 전날 밤 너무나도 흥분이 돼 저는 밤에 잠 한숨 자지 못했습니다. 콘서트장에 도착했을 때 사실 전 협소한 크기와 무대에 멀리 떨어진 제 자리에 많이 실망을 했습니다. 거기다 그는 예정보다 45분이나 늦게 무대에 올랐습니다. 하지만 그의 모든 것을 보여주었습니다. 그의 모든 히트송을 다 불렀으며 전 모든 노래의 가사를 다 알고 있었습니다. 심지어는 한국에 있는 팬들을 위한 깜짝 선물도 있었습니다. 바로 Dr.Dre를 데리고 온 것 입니다. 남자친구와 저는 콘서트 내내 노래를 하며 춤을 췄습니다. 1시간 15분 밖에 공연을 하지 않았지만 지금까지도 제가 다녀온 최고의 라이브 음악 경험이었습니다.

Power Up! Self-training Model Answer

I have always been interested in listening to music since I was a middle school student. When I was 14 years old, a good friend of mine gave me a CD for my birthday. She was into boy bands then and she wanted me to check out her favorite band's songs. At first, I did not think much of their songs but over time, they gradually grew on me. So I started spending a good chunk of my allowance on music CDs. After a year or so, I had quite a selection of CDs but they were mostly boy bands. In high school, I started to get into rock music. I listened to all kinds of rock music from Elvis to Sting and I loved every single song. I also liked the fact that I could talk about music not only with my friends but also with my father because I listened to music from all generations. Now I listen to all kinds of music. The only kinds of music I do not enjoy are hardcore hip-hop and metal. I don't like these types of music because it is nothing but noise to my ears. Other than that, I listen to everything and anything. My interest in music started with curiosity in boy bands and now, I appreciate the music itself.

저는 중학교 때부터 항상 음악에 관심을 가져왔습니다. 제가 14살 때 친한 친구 중에 한명이 생일 선물로 음악 씨디를 사주었습니다. 친구는 그때 당시 보이밴드에 관심이 많았고 저에게 그들의 음악을 들려주고 싶어했습니다. 처음에는 크게 관심이 없었지만 시간이 지나면서 천천히 관심을 가지게 되었습니다. 그래서 용돈의 대부분을 음악 씨디 사는 데에 쓰기 시작했습니다. 1년 정도 지난 후에는 씨디가 꽤 많이 모였지만 대부분이 보이밴드 음악이었습니다. 고등학교때에는 락음악에 관심을 가지게 되었습니다. 엘비스부터 스팅까지 다양한 락음악을 들었고 모든 노래가 다 좋았습니다. 또한 다양한 시대의 음악을 듣다보니 친구들뿐만 아니라 아버지와도 함께 음악에 대해 이야기를 나눌 수 있다는 점이 마음에 들었습니다. 요즘엔 모든 음악을 다 좋아합니다. 제가 유일하게 싫어하는 음악 종류는 하드코어 힙합과 메탈입니다. 이 종류의 음악을 싫어하는 이유는 제 귀에는 단지 소음으로 들리기 때문입니다. 그 외에는 가리지 않고 모든 음악을 다 좋아합니다. 음악에 대한 제 관심은 보이밴드에 대한 호기심으로 시작해서 이제는 음악 자체를 즐기게 되었습니다.

Chapter 5 Hobby/Interest 2

1. Stocks Model Answer

안녕 준, 케빈이야. 요즘 잘 지내니? 아무래도 내가 너한테 사과를 해야될 것 같았는데 내 전화 받아줘서 너무 고마워. 지난 여름에 크리에이티브 띵킹이라는 데 투자하자고 내가 먼저 제안했었잖아. 그 일이 잘 해결되지 않아 내가 너무 미안해. 펀드매니저로 일하는 내 친구가 100% 장담한다고 했었어. 그래서 나도 거기에 투자한거고 우리 둘다 잘되는 걸 원해서 너한테도 제안한거였어. 상장되기 까지 1년이 더 걸릴거라니 정말 우리 둘 다에게 큰 불운인거 같다. 이것 때문에 대출까지 받은거 내가 알아. 그래서 이건 어때? 내가 너무 미안하니까 최소한 이자라도 내가 낼 수 있게 해줄래? 아니면 내 친구한테 더 괜찮은 아이디어가 있는지 한번 물어볼까? 이런 상황이 된게 다시 한빈 너무 미안하다.

언제 한번 만나서 어떻게 하면 이 일을 잘 해결할 수 있는지 같이 이야기해보자. 언제가 좋은지 알려줘.

2. Drawing Model Answer

1년전쯤 제 친구의 생일을 맞아 전 특별한 선물을 해주고 싶었습니다. 저는 선물을 고르는 것을 잘하지 못해서 며칠동안 무엇을 줄지 고민을 하다가 그림을 그려주기로 결정했습니다. 그로부터 몇달 전에 친구는 한살 정도 된 조카와 같이 찍은 사진을 인터넷에 올린 적이 있었습니다. 소파에 앉아 서로를 바라보는 사진이었는데 너무나도 아름다운 사진이어서 제 머리에 그 이미지가 오래 남아있었습니다. 그 사진을 스케치로 그리기로 결정하였습니다. 그녀의 생일 한달 전부터 그림을 그리기 시작하였습니다. 사진을 스케치로 그리는 것은 처음이었고 생각보다 아주 많이 어려웠습니다. 완성하기 위해 아마도 몇백장의 종이를 버린 듯 했습니다. 완성까지 3주가 걸렸고 저는 결과물에 아주 대만족했습니다.그녀의 생일 파티에 그림을 가져갔고 그녀가 그림을 열어보았을 때 눈물을 흘리기 시작했습니다. 친구는 받아본 선물 중 최고의 선물이라고 말해주었습니다. 완성하기까지 정말 오랜 시간이 걸렸지만 그럴만한 가치가 있었던 경험이었습니다. 그 스케치는 친구 침실 방 벽에 걸려있습니다.

Power Up! Self-training Model Answer

When I was a child, I used to go to a piano academy after school. I learned how to play the piano for almost 5 years until my friend introduced me to drawing. She told me about a drawing academy she had been attending and how fun it was. I asked her if I could go with her one day to check it out. I fell in love with everything on my first day and when I got back home, I asked my mother if I could quit piano and start to learn drawing. She said yes and I was so happy! I went to the academy everyday right after school and stayed there until my dinner time. I did sketches, painted with watercolor and oil paint and even learned origami. My teacher told me that I should look into going to art school in the future. I was so excited that someone thought I was talented! But the more I learned, the harder it got. And then I had to move away which resulted in me having to leave the academy. I never found another drawing academy that I liked as much as that one so my interest in drawing slowly faded away. Now I only do sketches here and there for fun when I see something interesting.

어렸을 때 저는 피아노 학원을 다녔었습니다. 5년동안 피아노를 배웠었는데 하루는 친구가 저에게 그림그리기를 추천하였습니다. 자신이 다니는 미술학원에 대해 이야기 하며 굉장히 재미

있다고 하였습니다. 저는 어떤 곳인지 보기 위해 하루 같이 가도 되냐고 물었습니다. 첫날 전 그림그리기와 사랑에 빠졌고 집에 돌아갔을 때 어머니에게 피아노를 관두고 미술학원을 다녀도 되냐 물었습니다. 어머니는 허락하셨고 저는 너무나도 기뻤습니다. 매일 학교가 끝나자마자 미술학원에 가서 저녁시간까지 그곳에 있었습니다. 스케치도 하고 수채화 그림 뿐 만 아니라 유화도 그렸고 종이접기까지 배웠습니다. 선생님은 저에게 예술고등학교에 가는 게 어떠냐고 말하셨습니다. 전 누군가 저에게 재능이 있다고 생각하는 것에 무척이나 기뻤어습니다. 하지만 배우면 배울수록 모든 것이 더 어려워졌습니다. 그리곤 이사를 가야 되서 학원을 그만두게 되었습니다. 그 학원만큼 재밌는 미술학원은 찾지 못했고 그림에 대한 관심을 사라져버렸습니다.. 이제는 가끔 재미있는 무언가를 봤을 때 스케치 하는 정도입니다.

Chapter 6 · Activity 1

1. SNS Model Answer

저는 굉장히 내향적인 사람이어서 친한 친구에게도 저의 개인적인 이야기를 하지 않는 편입니다. 그래서 어렸을 때부터 일기를 써왔습니다. 매일 일기를 쓰진 않지만 일주일에 2~3일 정도는 씁니다. 무슨 일이 있었고 내 기분이 어땠으며 특정상황에서 내가 어떻게 반응하면 좋을지에 대해 씁니다. 그러다보면 미래에 똑같은 일이 일어났을 때 어떻게 잘 대처할 수 있는지에 대해 생각하게 됩니다. 그 어느 누구도 찾지 못하도록 일기장을 숨기는 장소가 몇군데 있습니다. 누구나 내 일기를 다 볼 수 있다면 일기를 왜 쓰나요? SNS에서 역시 본인의 하루에 대해 글을 쓰고 나중에 다시 볼 수 있도록 저장도 할 수 있습니다. 개인정보 설정을 하여 본인의 일기를 얼마나 공개할지도 결정할 수 있습니다. 하지만 가장 큰 차이점은 책에 일기를 쓸 때에는 만에 하나 누군가 그 일기장을 발견한다고 해도 몇 안되는 사람이 읽을 것입니다. 하지만 SNS에서 새어나가게 된다면 몇천명의 사람들이 볼 수 있게 됩니다. 또한 SNS를 사용하는 이유는 본인의 삶을 돌아보기 위한 것이 아니라 다른 사람들에게 보여주어 최대한 많은 '좋아요'를 받기 위한 것이라고 생각합니다.

2. Shopping Model Answer

바로 며칠전에 수퍼마켓에서 일어난 예상치 못했고 아주 불쾌했던 경험이 있었습니다. 저녁으로 두부 샐러드를 먹으려 했는데 모든 재료가 있는데 두부만 없다는 것을 알게 되었습니다. 그래서 두부를 사러 동네 슈퍼에 갔었습니다. 지갑과 핸드폰만 들고 걸어갔습니다. 세일 하는 상품 중에 좋은 게 있는지 보기 위해 수퍼를 둘러보았습니다. 하지만 마땅한 것을 찾지 못해 두부만 들

고서 계산대에 갔습니다. 줄이 짧았기 때문에 무인 계산대를 이용하였습니다. 떠나려 하는데 갑자기 도난 경보기가 울리기 시작했습니다. 깜짝 놀랐지만 저 때문일거라고 생각하지 않았기 때문에 저는 멈추지 않았습니다. 그런데 어디선가 경비가 나타나 제 앞에서 서서 저한테 같이 가달라고 하는 겁니다. 전 잘못이 없기 때문에 싫다고 했습니다. 그때 우리 둘 다 한 소년이 마치 총알처럼 뛰어가는 것을 보았고 상황 파악이 되었습니다. 경비는 저에게 미안하다고 외쳤고 그 아이를 쫓아 뛰어갔습니다. 제가 근거 없이 도둑으로 몰렸던 점에 화가 났지만 경비는 자신이 해야할 일은 한 것 뿐이었기에 그를 탓할 수 없다라고 저를 위로하였습니다. 그래서 그냥 없던 일로 하기로 하였습니다.

Power Up! Self-training Model Answer

There are 2 major kinds of grocery stores in Korea; there are big supermarket chains and local traditional markets. Big supermarket chains are very easy to find as they are everywhere. They are usually 2 or 3 stories high and represent the most convenient way to shop for groceries as well as electronics, clothes and a multitude of other products. These stores can be found in all major cities across the country and are very popular for their frequent sales and bargain deals. The best time to shop at these stores is during the evening hours as they often sell items at a 50% to 80% discount. Local traditional markets are usually outdoors. They would set up their tents in designated areas and sell fresh vegetables and fruits. You can also find meat and fish. The best part about traditional markets is the street food vendors, a heaven for all food lovers. It's hard to resist the temptation to try everything! I personally prefer shopping at the big supermarket chains because I don't like to carry a lot of cash around. Also it's easier to get an exchange or refund at a supermarket in case I'm not satisfied with their products.

한국에서는 주로 2가지의 식료품점이 있습니다. 바로 대형 수퍼마켓과 지역 전통시장입니다. 대형 수퍼마켓은 사방에 널려있어서 찾기 아주 쉽습니다. 그들은 주로 2~3층 짜리 건물이고 식료품 말고도 전자제품, 옷 외에도 다양한 상품을 구매할 수 있는 가장 편리한 곳입니다. 주요 도시 곳곳에 위치해있으며 굉장히 자주 세일을 하여 인기가 아주 많습니다. 그곳에서 쇼핑하기로 제일 좋은 시간은 저녁시간인데 종종 50%에서 80%까지도 세일을 하기 때문입니다. 지역 전통시장은 주로 실외에 있습니다. 특정 지역에서 천막을 치고 신선한 과일이나 야채를 팝니다. 고기나 생선 또한 찾아볼 수 있습니다. 전통시장의 제일 좋은 점은 먹는 걸 좋아하는 사람들을 위한 천국과도 같은 길거리 음식입니다. 그 유혹을 뿌리치기란 쉽지 않을 것입니다. 저는 주로 수퍼마켓에 가는데 그 이유는 현금을 가지고 다니는 것을 좋아하지 않기 때문입니다. 그리고 혹시라도 물건이 마음에 들지 않아 교환 또는 환불을 원할 경우 수퍼마켓이 조금 더 수월하기 때문입니다.

Chapter 7 Activity 2

1. Pup or Bar Model Answer

친구 중에 한명이 일 때문에 독일로 떠나게 되어서 지난 주말에 친구들과 함께 환송회를 하였습니다. 저와 친구들은 거창한 환송회를 해주고 싶었기 때문에 제가 인터넷에서 알아보다가 이태원에 있는 Trust라는 아주 멋진 바를 알게 되었습니다. 새롭게 연지 얼마 되지 않은 곳이었지만 아주 좋은 평을 받고 있었습니다. 인터넷에서 사진을 보니 앤티크한 외부 모습을 가진 2층짜리 건물이었습니다. 안으로 들어가면 벽마다 붙어있는 거울과 높은 천장에서 내려오는 아름다운 샹들리에가 보였습니다. 정 가운데에 온갖 술이 준비가 되어있는 바도 있었습니다. 개인실도 제공한다는 말에 친구들과 저는 이곳에서 파티를 하기로 결정했습니다. 말도 안되게 비쌌지만 떠나는 친구를 또 언제 볼 수 있을지 몰랐기에 친구들끼리 돈을 모아 개인실을 빌리기로 하였습니다. 도착했을 때 예상했던 것보다 멋진 모습에 저희는 흥분하였습니다. 온갖 종류의 칵테일을 주문하였는데 제 마음에 쏙 들었던 칵테일은 모스크바 뮬이었습니다. 먹어본 칵테일 중 최고였죠! 음식도 몇개 주문하였는데 모두 다 굉장히 맛있었습니다. 비록 송별회였지만 우리 모두 아주 즐거운 시간을 보냈고 폼나게 환송을 해줄 수 있어서 좋았습니다.

2. Museum Model Answer

저는 다양한 박물관에서 꽤 많은 전시품들을 봐왔지만 제일 기억에 남는 전시는 런던에 있는 대영박물관에 갔을 때였습니다. 모두 다 아시다시피 대영박물관은 다양한 예술작품과 전시품으로 이루어진 엄청난 규모의 컬렉션을 가지고 있으며 제 가족과 저는 하루를 다 그곳에서 보내기로 결정하였습니다. 이집트에서 온 진짜 미이라와 이탈리안 르네상스때에 만들어진 동전과 메달을 볼 수 있었습니다. 하지만 제일 멋진 전시회는 바로 한국 전시회였습니다. 제 가족과 저는 한국 전시회가 있는지조차 몰랐습니다. 걸어다니다가 코너를 도니 바로 그곳에 있었습니다. 크지는 않았지만 지구 반대편에서 작은 한 코너라도 오로지 우리 나라를 위해 만들어졌다는 것이 정말 멋진 일이었습니다. 한 어린 소녀가 한 때 왕과 왕비가 입던 오래된 전통복장을 보며 색깔이 너무 이쁘다고 말하는 것도 기억납니다. 일본으로부터의 독립도 배울 수 있었고 짧은 시간 안에 우리가 이루어낸 엄청닌 빌전에 대해서도 배울 수 있었습니다. 한국 사람인 것이 너무나도 자랑스러운 그런 순간이었습니다. 불행하게도 방문객들 사이에서 별로 인기가 없어서 몇년 후 철거가 되었다는 이야기를 들었습니다. 하지만 이젠 세계적으로 한국이 널리 알려지고 있으니 다시 돌아오진 않을까 하고 기대해봅니다.

Power Up! Self-training Model Answer

I usually enjoy visits to the museum when I travel to different cities or countries. I was never interested in history when I was in school. I did not see the point of sitting there and learning about events that happened hundreds of years ago. Early on in my life, I traveled to London and had a chance to visit the British Museum. It certainly was humongous and had all sorts of international exhibits covering various timelines. I was especially fascinated by Egyptian exhibits because it was my first time seeing mummies in person and that was when I started to become interested in history. Then I decided to make visits to museums whenever I was on a trip. I like to go early in the mornings so that I can beat the crowds. I get a pamphlet and study what kinds of exhibits they have and plan my tour around the museum. I usually carry a pen and paper in case I want to jot down something since they don't let us take pictures at some museums. I like going to museums on my own so that I can make decision solely based on my preference.

저는 주로 다른 도시 또는 나라로 여행을 할 때 박물관 가는 것을 좋아합니다. 학교 다닐 때는 저는 역사에 관심이 전혀 없었습니다. 몇백년 전에 일어났던 일들을 왜 내가 여기 앉아서 배워야 하는지 이해할 수가 없었습니다. 오래 전에 런던으로 여행을 가서 대영박물관에 가게 되었습니다. 정말 굉장히 거대한 곳이었고 다양한 시대에서 온 전시품들이 있었습니다. 저는 특히 처음으로 눈 앞에서 보게 된 미이라들 때문에 이집트 전시에 반하여 그때부터 역사에 관심을 가지게 되었습니다. 그러다 여행을 갈 때면 박물관을 방문해야 겠다고 결정하였습니다. 저는 사람 많은 것을 피하기 위하여 아침 일찍 가는 것을 좋아합니다. 안내지를 받아서 어떤 전시회가 진행되고 있는지를 본 다음에 저만의 박물관 투어를 계획합니다. 종종 박물관에서 사진 찍는 것이 금지되어 있기 때문에 저는 혹시라도 뭔가 적을 것이 생길 경우를 대비해 펜과 종이를 들고 갑니다. 오로지 저만의 관심사에 따라 결정을 내릴 수 있게끔 전 혼자서 박물관 가는 것을 좋아합니다.

Chapter 8   Activity 3

1. Reality Show Model Answer

스트레스 해소를 위해 즐겨하는 활동 중 하나가 TV 시청입니다. TV 시청을 좋아하는 이유는 재미 있는 것 말고도 힘든 하루를 보내고 편안하게 쉬면서 할 수 있는 쉬운 활동이기 때문입니다. 제가 요즘 즐겨보는 리얼리티 쇼는 "I am Cait"라는 쇼로서 전직 육상선수였던 브루스라는 사람이 할리우드 유명인인 케이틀린 되는 이야기입니다. 브루스는 올림픽에서 메달까지 딴 미국 국민 영웅입니다. 그는 킴 카다시안의 아버지로도 알려져있습니다. 이제 그는 '그녀'가 되었습니다. 전 세계인들에게 커밍아웃한 그녀는 쇼에서 여자로 적응하는 과정을 보여줍니다. 제가 이 쇼를 즐겨보는 이유는 물론 할리우드 드라마로 가득 찬 것 말고도 전에는 TV에서 볼 수 없었던 사회의 어두운 면을 보여주기 때문입니다. 이제는 케이틀린이 된 브루스가 세계인들에게 무시받고 천대받았던 트렌스젠더들에게 약하지만 한 줄기 빛이라도 비추는 것 같아 그 쇼가 좋습니다. 케이틀린은 변화를 위해 필요한 돈도 있고 가족과 친구는 물론 팬들에게서도 지지를 받고 있습니다. 하지만 모든 트렌스젠더들이 그렇게 운이 좋은 건 아닙니다. 이 쇼는 케이틀린의 화려한 삶에 주로 초점을 맞추고 있지만 불행한 트렌스젠더들의 삶 또한 보여주고 있어 이 쇼를 좋아하는 이유입니다.

2. Café Model Answer

하루는 아침 일찍 서울로 운전 해서 가는 길이었습니다. 저는 절대 아침형 인간이 아니지만 그날은 중요한 약속이 있어서 평소보다 더 일찍 일어나서 준비를 했습니다. 저는 집을 떠나기 전까지 커피를 적어도 두잔은 마시지만 그날은 준비할 시간조차 충분하지 않아서 커피를 건너뛰었습니다. 하지만 가는 길에 계속 짜증이 올라와서 기분을 띄우기 위해 커피를 마시기로 했습니다. 운전을 하면서 커피숍을 찾던 중 까페 보니라는 커피숍을 발견하였습니다. 큰 프랜차이즈였지만 한번도 그곳의 커피를 먹어본 적은 없었습니다. 저는 스타버스트를 원했지만 서둘러야 했기 때문에 까페 보니에서 커피를 주문하였습니다. 한 모금 마시자마자 전 바로 그 커피를 버리고 싶었습니다. 먹어본 커피 중 최악이었죠. 설상가상으로 까페 보니의 문을 나서자마자 두개 상점 지나서 스타버스트가 있는게 아니겠습니까! 저는 음식이나 음료수를 남기는 사람이 아닌데 그 최악의 커피는 더이상 마실 수가 없었습니다. 바로 버리고 스타버스트로 가서 커피를 주문하였습니다. 그때 이후로 다시는 까페 보니에서 커피를 먹지 않았습니다.

Power Up! Self-training Model Answer

Hello, is this Trickster cafe? Hi, my name is Jennifer Key

and I think you have a parcel that belongs to me. I have been expecting a parcel for a week and this morning, I received a call from the shipping company saying that it will be delivered this afternoon. But I was already out so I asked them to leave it at Tricks Bar across the street from you guys. I guess the guy at the shipping company heard it as Trickster and left the parcel with you guys. I hope you did not throw it away! I will be available to go get it today but not until after 10. If you are closed by then, I can send a friend of mine to grab it for me. His name is Alex Kim and I'll ask him to present his ID. Thank you so much and sorry for any inconvenience.

안녕하세요 트릭스터 까페인가요? 제 이름은 제니퍼이고 제 택배가 아무래도 그곳으로 배달된 것 같습니다. 일주일동안 택배를 기다리고 있었는데 오늘 아침 택배회사로부터 오늘 오후에 배달이 될 것이라는 전화를 받았습니다. 하지만 전 이미 외출 중이어서 당신들 길 건너에 있는 트릭스라는 바에 택배를 맡겨줄 것을 부탁했습니다. 아마도 택배회사 직원이 트릭스터로 듣고선 까페에 제 택배를 맡겨놓은 것 같습니다. 안 버리셨길 바래요! 제가 오늘 받으러 갈 수 있지만 10시 이후에나 갈 수 있을 것 같아요. 만약 그 전에 문을 닫으신다면 제 친구한테 받아달라고 할 수 있습니다. 그의 이름은 알렉스 김이고 신분증 가져가라고 제가 말해두겠습니다. 감사하고 불편을 끼쳐드려 죄송합니다.

Chapter 9 ▶ Random 1

1. Lost Model Answer

저는 제 물건들을 굉장히 잘 챙기는 편이라 뭔가를 잃어버리지 않지만 한번은 제 선글라스를 도난당한 적이 있었습니다. 친구 2명과 함께 유럽을 배낭여행하면서 이태리에서 있을 때였습니다. 이태리는 굉장히 아름다운 나라지만 불행히도 소매치기로 유명하고 저희 역시 그 사실을 잘 알고 있었습니다. 로마 중심지에 위치한 호스텔에서 묵었는데 그곳의 주인조차도 소매치기를 조심하라고 경고해주었습니다. 그래서 여권, 현금 그리고 보험증서 같은 중요품은 호스텔의 금고에 잘 간직해두고 신용카드와 현금 조금만 가지고 다녔습니다. 식당에서 가서 밥을 먹는데 화장실을 써야했었습니다. 일을 보고 손을 씻는데 화장실 칸 안에 선글라스를 두고 온 걸 알아차렸습니다. 다시 그 칸에 들어갔는데 놀랍게도 제 선글라스는 거기 없었습니다! 저는 너무 충격을 받았죠! 그러다 제가 화장실에서 나왔을 때 기다리고 있었던 젊은 여자가 기억이 났지만 그녀는 이미 제 선글라스와 함께 사라진지 오래였습니다. 그 선글라스는 완전 새거였기에 더 실망스

러웠습니다. 한국을 떠날 때 면세점에서 산 물건이었습니다. 햇빛이 너무 밝아 선글라스 없이 다니기에는 무리여서 나머지 여행 기간을 위해 싼 썬글라스를 샀었습니다.

2. Holiday Model Answer

2주 전에 추석이었지만 저는 작년에 경험했던 미국 추수감사절에 대해 이야기해보고 싶습니다. 그때 당시 영어학원을 다니고 있었는데 하루는 학생들을 위한 미국 추수감사절 저녁식사에 대한 안내문이 벽에 붙어 있는 것을 발견하였습니다. 저는 항상 추수감사절이나 크리스마스 같은 미국의 가족휴일에 대해 궁금해하였는데 이번 추수감사절 행사를 미국에서 온 강사들이 진행한다는 이야기를 듣고 참석하기로 하였습니다. 그날이 왔고 수업을 하는 대신에 학원에서는 큰 파티가 열렸습니다. 준비된 음식으로는 으깬 감자, 그린빈즈, 옥수수빵, 스터핑, 맥앤치즈, 샐러드 그리고 그날의 하이라이트인 칠면조가 있었습니다. 전 그런 건 태어나서 처음 봤습니다. 제가 본 요리가 된 새 중 가장 큰 새였습니다! 그 자리에 적어도 20명 정도가 있었는데 모두가 배불리 먹을 수 있을 정도였습니다. 모두 음식을 배불리 즐긴 후 둘러 앉아 와인을 마시며 선생님들은 추수감사절을 가족들과 어떻게 즐기는지에 대해 듣기도 하였습니다. 칠면조도 먹어보고 진짜 미국을 직접 체험해볼 수 있는 기억에 남는 경험이었습니다.

Power Up! Self-training Model Answer

I would like to introduce a special day that only Koreans celebrate! It's called Pepero Day. It's not a holiday so people don't get school or work off but it's a day when you share Pepero with your loved ones. Pepero is a very popular snack in Korea. It's a thin breadstick covered in chocolate. It has been around since 1983 and it's always been one of Koreans' favorite snacks. Around 1987, the company that made Pepero started a special promotion called Pepero Day. Because the Peperos are sticks and look like number 11, they started calling November the 11th as Pepero Day. It did not take long for people to catch up with this promotion. Within the next few years, Pepero Day had become a thing in Korea. Nowadays, you can buy DIY Pepero Making Set online so you can make it even more special! In a way, one could say that it has become the Korean version of Valentine's Day. I don't personally celebrate this day anymore because I think I'm too old for it but I used to celebrate it when I was still in school. With Pepero becoming more popular worldwide, I heard that you can find people from other countries in Asia such as China and Japan celebrating Pepero Day as well.

한국인들만이 즐기는 날을 소개할까 합니다. 그것은 바로 빼

빼로 데이입니다. 휴일은 아니기 때문에 학교나 직장이 쉬지는 않지만 사랑하는 이들과 빼빼로를 함께 나누는 날입니다. 빼빼로 는 한국에서 굉장히 인기가 좋은 과자입니다. 얇은 막대과자에 초코렛을 씌운 것입니다. 1983년에 출시되었으며 그때부터 쭉 한 국인들에게 꾸준한 사랑을 받고 있습니다. 1987년쯤 빼빼로를 출 시한 회사가 빼빼로데이라는 특별 홍보를 시작했습니다. 빼빼로 모양이 막대 모양으로 숫자 11처럼 생겼다하여 11월 11일을 빼빼 로 데이라고 부르기 시작했습니다. 사람들이 관심을 보이고 빠져 들기까지 오래 걸리지는 않았습니다. 몇년 후 빼빼로 데이는 많 은 인기를 얻게 되었습니다. 요즘엔 더 특별하게 만들기 위해 인 터넷에서 빼빼로DIY세트도 살 수 있습니다. 어떻게 보면 한국 버 전으로 맞춰진 발렌타인 데이가 되었다고 할 수도 있겠습니다. 저는 이제 이런 걸 챙기기에는 나이가 들었다 생각하여 더이상 챙기진 않지만 학교 다닐 때도 저 역시도 꼬박꼬박 챙겼었습니 다. 전 세계적으로 빼빼로데이가 유명해지다 보니 제가 알기론 중국이나 일본 같이 아시아의 다른 국가에서도 빼빼로 데이를 챙긴다고 들었습니다.

Chapter 10 Random 2

1. Technology Model Answer

제가 가장 많이 사용하는 기술은 두말할 필요도 없이 바로 제 스마트폰입니다. 제 스마트폰의 저의 기상알람이자 지하철 시간 표, 커피숍 회원카드 그리고 MP3 플레이어입니다. 제가 스마트 폰으로 하는 활동이 워낙 많다보니 이 기계에 많이 의존한다는 것도 알고 있습니다. 이 걸 잃어버린다는 상상만으로도 두통이 몰려올 지경입니다. 스마트폰 전에는 핸드폰이 있었죠. 핸드폰이 처음 나왔을 때엔 작은 흑백화면에 큰 번호판이 있었고 안테나 도 있었습니다. 전화와 문자만이 가능했지만 20년전의 소비자들 을 만족시키기에는 충분하였습니다. 이제는 필요한 기계 또는 기 능이 있다면 제 장담하건대 이미 당신의 스마트폰이 그걸 가지 고 있을 것입니다. 최근에 제가 알게 된 스마트폰 최고의 기술은 폰의 카메라가 사진을 찍을 때 자동적으로 사진을 보정해주는 것입니다. 더 큰 눈, 고운 피부 그리고 더 좋은 조명을 사진을 찍 기도 전에 선사해줄 것입니다. 운동을 좋아하는 사람들을 위해서 는 스마트폰 앱이 심장박동, 혈압을 체크해주고 오늘은 얼마나 달렸는지를 알려줄 것입니다. 가끔은 제 자신보다도 스마트폰이 더 똑똑하고 쓸모가 많다고 생각합니다.

2. Weather Model Answer

제가 대학교 1학년이었을 때 친구들과 함께 스키를 타러 가기 로 했습니다. 운이 좋게 친구 한명이 한국에서 유명한 스키 리조

트 중 한군데에 회원권이 있어서 그곳에 방을 하나 빌렸습니다. 차 밀리는 것을 피하기 위해 우린 토요일 새벽 5시에 출발하였습 니다. 그곳에 도착했을 때는 체크인 하기에는 너무 이른 시간이 어서 짐만 맡겨두고 스키를 타러 갔습니다. 아름다운 날씨에 멋 진 슬로프였죠. 스키를 탄 후 체크인을 하고 휴식을 취하였습니 다. 몇몇은 다시 또 스키를 타러 갔고 나머지는 리조트 산책을 나섰습니다. 저녁 식사 후 긴 하루를 보낸 우린 모두 잠자리에 들 었습니다. 그 다음 날 제가 제일 먼저 일어났습니다. 최고의 기분 으로 커튼을 열었습니다. 그런데 밤사이 눈이 너무 많이 와서 모 든 것이 다 흰색이었습니다. 주차장의 차들조차 눈으로 완전히 뒤덮여서 아예 보이지도 않았었습니다. 그러다 다시 눈이 오기 시작했습니다. 눈이 펑펑 와서 모든 길조차 폐쇄될 지경이었습니 다. 원래는 그날 오후 체크아웃을 해야했지만 리조트를 떠날 방 법이 없었기 때문에 어쩔 수 없이 하루 더 묵기로 하였습니다. 다 행히도 겨울 방학 기간이어서 그 다음 날 수업을 놓치는 일은 없 었습니다.

Power Up! Self-training Model Answer

I have been talking about weather a lot with my friends lately. We noticed that the spring and fall have gotten so much shorter compared to how it was when we were children. It used to be much longer when we were young. I remember spring and fall lasting for at least a month before it got too hot or cold. Fall is my favorite season and my family and I used to have picnics every weekend in fall when I was in elementary school. It was nothing fancy;my mom would pack a small lunch for all of us and we would walk to a park near our house and stay there all day long. I remember going on picnics like that for weeks before it got too cold. But now, it gets cold over night. It was nice and warm during the day and chill in the evening just 2 weeks ago! And now it's so cold that you can't even go out without a thick jacket on anymore! I got to enjoy only 1 picnic this fall due to the sudden temperature drop! Also it feels like the summer is getting hotter in Korea every year. I'm worried that it will be like Southeast Asia hot in Korea soon!

요즘 들어 친구들과 함께 날씨에 대해 많은 이야기를 나누었 습니다. 우리는 어렸을 때에 비해 봄과 가을이 현저히 짧아졌다 는 것을 느꼈습니다. 우리가 어렸을 때는 조금 더 길었었습니다. 저는 덥거나 추워지기 전에 봄과 가을이 적어도 한달씩은 지속 되었던 걸로 기억합니다. 제가 제일 좋아하는 계절이 가을이라서 제가 초등학교 때 우리 가족은 가을에 주말마다 소풍을 즐겼었 습니다. 거창한 건 아니었습니다. 어머니께서 저희를 위해 간단 한 도시락을 싸시고 집에서 가까운 공원으로 걸어서 하루종일

그곳에서 놀았습니다. 추워지기 전에 여러번에 걸쳐 그런 소풍을 즐겼던 것으로 기억합니다. 하지만 이제는 밤 사이에 갑자기 추워지곤 합니다. 2주전만 해도 낮에는 따뜻하고 밤에는 시원한 정도였습니다! 하지만 이제는 두꺼운 윗옷 없이는 나갈 수도 없을 정도로 추워졌습니다! 갑작스럽게 온도가 내려가는 바람에 소풍도 한번 밖에 못갔었습니다. 또한 한국의 여름이 매년 더워지는 것 같습니다. 곧 있으면 한국 여름 더위도 동남아시아처럼 더워질까봐 걱정입니다.

Chapter 11 — Random 3

1. Internet Model Answer

제 생각에 인터넷은 처음 출시됐을 때부터 많은 변화가 있었으며 제 세대는 그 변화를 처음부터 지켜볼 수 있었습니다. 인터넷이 처음 나왔을 때에는 단지 파란 화면에 하얀 글씨 뿐이었습니다. 사진도 비디오도 없었습니다. 우리가 할 수 있었던 건 사람들과 이야기를 나누는 것 뿐이었지만 옆집에 사는 사람 뿐 아니라 세상 곳곳에 있는 모두와 할 수 있었습니다. 대화방을 만들어 전 세계 어디 사람들이든 초대할 수 있었습니다. 지금 이런 이야기는 아무것도 아닌 것처럼 들리겠지만 그때만 해도 이건 사람들에게 엄청난 것이었습니다. 요즘엔 클릭 몇번으로 인터넷으로 못할게 없어졌습니다. 에를 들어 물건 주문도 동네 가게 뿐 아니라 지구 반대편에 있는 가게에서도 주문하여 집까지 배달할 수 있게 되었습니다. 너무 많은 변화가 있었기에 제가 생각할 수 있는 과거와 현재의 인터넷의 유사성은 사람들 사이의 의사소통입니다. 물론 다양한 다른 점이 있지만 제일 첫번째이자 큰 변화는 인터넷의 속도인 것 같습니다. 속도가 굉장히 빨라져서 이젠 커피 한잔을 다 마시기도 전에 2시간짜리 영화 한편을 다운로드 받을 수 있게 되었습니다.

2. Appointment Model Answer

요즘에는 대형 프랜차이즈 커피숍과 레스토랑이 시내를 말그대로 점령해가고 있습니다. 똑같은 프랜차이즈 상점들이 모든 골목마다 있어서 그런 곳에서 만나는 약속을 잡을 때는 어느 지점에서 만날지를 확실히 해야 합니다. 한번은 친구를 강남의 스타벅스에서 만나기로 했습니다. 그 당시 강남에는 스타벅스가 벌써 3군데나 있었기 때문에 저희는 지하철역 7번출구에 있는 스타벅스에서 만나자고 분명히 해두었습니다. 저는 지각하는 것을 싫어하기 때문에 약속시간보다 10분이나 15분 먼저 도착합니다. 그날도 미리 도착하여 커피를 두잔 주문하였습니다. 그러자 친구가 전화해서 막 지하철에서 내렸다고 전했습니다. 전 시간 딱 맞추었다고 생각하였습니다. 그러다 10분후에 친구가 다시 전화해서

어디냐고 물었습니다. 저는 커피숍에서 커피 두잔 주문하고 기다리고 있다고 말했습니다. 그녀는 자기 또한 그러고 있다고 하였습니다. 저희는 매우 혼란스러웠으나 우리가 몰랐던 건 바로 일주일 전 스타벅스가 지점이 또 하나 생겨 7번 출구에만 2개가 있었으며 우리 둘이 서로 다른 곳에서 기다리고 있었습니다. 저는 직원에게 포장용 컵을 부탁하여 친구가 있는 스타벅스로 가서 각자 커피 2잔씩이나 있었기에 그곳에서 3시간이나 있게 되었습니다.

Power Up! Self-training Model Answer

Hi, Julie, this is Christine. I thought we were meeting today in front of Little Italy! What do you mean you're here? That can't be true because I've been waiting here for you for 20 minutes. Are you sure? Wait a minute. Tell me what you see across the store. Oh.. I think I know what happened. Let me explain. There are 3 different Little Italy in this area and I think we've been waiting at different ones. I thought we decided to meet at the one by the clothing store, Valentines but it seems like that's where we got confused. So here's what we can do. Give me 10 minutes and I'll be over there to meet you. If not, do you want to come over to this Little Italy? I know there's an awesome dessert place just around the corner from here. Let me know what you want to do.

안녕 줄리. 나 크리스틴이야. 우리 오늘 만나는 줄 알고 있었는데. 벌써 왔다니 무슨 말이야? 내가 여기서 20분째 널 기다리고 있는데 그럴리가 없어. 너 확실해? 잠깐만.가게 맞은편에 뭐가 있는지 말해줘. 아.. 어떻게 된건지 알겠다. 내가 설명해줄게. 이 지역에만 리틀 이태리가 3개가 있는데 아무래도 너랑 나랑 각자 다른 곳에서 기다리고 있었던거 같아. 발렌타인이란 옷가게 옆에 있는 데서 만나기로 이야기한 줄 알았는데 아무래도 우리가 헷갈렸나보다. 이렇게 하면 어떨까? 10분만 기다리면 내가 네가 있는 리틀 이태리 앞으로 갈게. 아니면 이쪽 리틀 이태리로 네가 올래? 여기 바로 골목 돌면 정말 맛있는 디저트 집이 있거든. 어떻게 하면 좋을지 알려줘.

Chapter 12 — Random 4

1. Incident Model Answer

저에겐 저보다 5살이 어린 여동생이 있고 저희가 어렸을 때 제가 맡았던 일 중 하나는 제 여동생을 돌보는 것이었습니다. 제가 10살 때쯤 저희 어머니께서 저에게 가게에 가서 우유를 사오

라고 시키셨습니다. 하지만 그때 전 제가 제일 좋아하는 TV 만화를 시청중이었고 어머니에게 만화가 끝난 후에 가도 되는지 물어보았습니다. 어머니는 당장 우유가 필요하다고 하셨습니다. 그러자 여동생이 같이 따라가고 싶다고 하였고 어머니께서 데리고 갔다 오라 하셨습니다. 제 여동생은 겨우 5살이었고 제가 원하는 만큼 빠르게 걷지를 못하여서 전 너무나도 화가 나기 시작했습니다. 그래서 가게를 가던 길 중간쯤에서 저는 여동생에서 벤치에 가만히 앉아 제가 우유를 사올 동안 저를 기다리고 했습니다. 제가 돌아왔을 때 제 여동생을 그곳에 없었습니다! 전 너무 놀라 그녀의 이름을 외치며 사방을 뛰어다녔습니다. 그녀를 찾을 수 없었고 전 최대한 빨리 집으로 뛰어갔습니다. 그리고 그곳에 여동생이 있었습니다! TV 앞에 앉아 제가 제일 좋아하는 만화를 보면서요! 아버지께서 집에 오시는 길에 혼자서 벤치에 앉아있는 여동생을 발견하셨고 집에 그냥 데리고 오신거였습니다. 물론 어머니는 제가 동생을 혼자 두었다는 것에 매우 화가 나셔서 전 2주동안 밖에도 못나갔습니다.

2. Traffic tickets Model Answer

전 10년째 운전을 하고 있으며 운전을 처음 시작했을 때에는 특히 주차딱지 같은 위반딱지를 많이 떼곤 했었습니다. 절대 일부러 그랬던 건 아닙니다. 단지 다른 많은 차들이 주차가 되어있으면 거기가 어디든 주차해도 되는 줄 알았습니다. 제가 제일 마지막으로 받은 딱지는 4년 정도 되었습니다. 책을 한권 샀는데 무슨 이유였는지는 잘 기억이 나진 않지만 책에 뭔가 문제가 있어서 환불을 하려 했습니다. 차를 몰고 서점으로 갔지만 잠깐 들르는 것이었기 때문에 주차장으로 들어가고 싶지 않았습니다. 그래서 서점 앞에 길거리에 주차를 하였습니다. 다른 차들도 주차가 되어 있었기 때문에 괜찮을 것이라 생각하였습니다. 하지만 5분 후에 돌아왔을 때 제 창문에는 주차딱지가 있었습니다. 책은 $12였는데 주차딱지는 $50불이었습니다. $12 환불을 받기 위해 $50을 내게 된 셈이었죠. 너무나도 화가 났지만 제 잘못임을 인정해야만 했습니다. 전 벌금을 내고 그 경험에서 교훈을 얻었습니다. 그때부터 단 한번도 주차를 하면 안되는 곳에 주차를 한 적은 없었습니다.

Power Up! Self-training Model Answer

Excuse me, sir! I am the owner of this vehicle and I am here. Please don't write me a ticket. Let me explain why I had to park my car here. I'm on my way to my mother's hospital but suddenly I really had to use the bathroom. I think it's something I had for breakfast. Anyway, I had to use the bathroom so badly and unfortunately I had no time to find a parking lot. I am sure you've been in my situation before. Also the car is registered under my father's name and he won't be happy to hear about this. I will move the car right away. If not, can I at least pay the fine to you directly so that my father does not have to hear about this? I hope you understand my situation.

실례합니다 경관님! 제가 이 차 주인이고 이렇게 여기 왔습니다. 제발 주차딱지를 떼지 말아주세요. 왜 제가 여기에 주차를 해야만 했는지 설명해드릴게요. 저는 지금 어머니 병원에 가는 길에 갑자기 화장실이 너무 급한 겁니다. 아마도 아침에 뭔가 이상한 것을 먹은 것 같아요. 여튼 너무나도 급하게 화장실을 이용해야 했는데 불행히도 주차장을 찾을 정신이 없었습니다. 경관님도 이런 적이 있으셨을 거예요. 또한 제 차는 아버지 이름으로 등록이 되어있어서 아버지께서 이 소식을 들으시면 좋아하실 것 같지는 않습니다. 지금 당장 차 옮기도록 하겠습니다. 만약 안된다면 아버지께서 아실 필요 없게 지금 바로 벌금을 낼 수는 없을까요? 제 상황을 이해해 주실 수 있다면 정말 좋겠습니다.

한국인의 말하기
취약점 집중공략
OPIc AL

OPIc 대비 멀티캠퍼스 Best 온라인 과정

OPIc 등급공략과정
빅데이터 분석 및 최신 출제 트렌드 완벽 커버로 단기 OPIc 등급 취득 완성 과정

트렌드, 히스토리
100% 오픽을 해체하다.

데이터와 트렌드로
쉽게 취득하는 OPIc IL

데이터와 트렌드로 쉽게
취득하는 OPIc IM

데이터와 트렌드로 쉽게
취득하는 OPIc IH Step 1, 2

데이터와 트렌드로 쉽게
취득하는 OPIc AL Step 1, 2

OPIc 막판뒤집기과정
시험장 가기 전에 꼭 봐야 하는 OPIc 전문강사의 생생한 전문 특강 과정

[막판뒤집기] OPIc IM Pass

[막판뒤집기] OPIc IH Pass

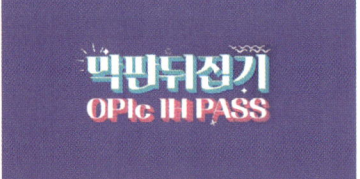

OPIc 전략과정
한국인의 말하기 취약점 분석 기반의 OPIc 전략과정

한국인의 말하기
특징 분석 IL공략

한국인의 말하기
특징 분석 IM공략

한국인의 말하기
특징 분석 IH공략

한국인의 말하기
특징 분석 AL공략

OPIc 등급공략과정
OPIc 주관사 멀티캠퍼스에서 제시하는 레벨별 맞춤 공략 과정

New OPIc 첫걸음

New OPIc SOS Start

New OPIc SOS IM공략

New OPIc의 정석! IH공략

중국어 대비 멀티캠퍼스 Best 온라인 과정

TSC 전략 과정

단시간 레벨 UP!을 위한 유형별 공략법과 막판 핵심 족집게 전략을 제시하는 국내 최고의 TSC 대비 과정

한달에 끝내는 TSC 첫걸음 3급공략	초단기 TSC 4급공략	초단기 TSC 4급공략 실전테스트	[막판뒤집기] TSC 3급 Pass	[막판뒤집기] TSC 4급 Pass

비즈니스 중국어 회화 과정

삼성 해외 주재원 집중과정 교재 기반, 진정한 중국通이 되기 위한 중국어 실무 과정

직장에서 당장 써먹는 중국어 회화(上)	직장에서 당장 써먹는 중국어 회화(下)

OPIc중국어 전략과정

OPIc 평가 주관사 멀티캠퍼스에서 개발한 국내 유일무이한 OPIc 중국어 대비 과정

New OPIc 중국어 첫걸음	OPIc 중국어의 정석! IM공략	OPIc 중국어의 정석! IH공략

新BCT 전략과정

새롭게 바뀐 BCT 문제 유형 분석을 통한 시험 완벽 대비 및 비즈니스 중국어 회화 능력을 향상할 수 있는 과정

초단기 新BCT Speaking 공략	초단기 新BCT Speaking 실전테스트	新BCT 첫걸음 A형 공략	新BCT 첫걸음 B형 공략

한국인의 말하기
취약점 집중공략
OPIc AL